뚝딱 그림으로!! ㅇㅇ~ 쏀트로!!

자동암기

# 신비한자

김인숙 지음

## 5급

다락원

김인숙
한어교육원 대표
한중상용한자지도사 양성
한자놀이지도사 양성
어린이중국어지도사 양성
유한대학교 외래교수
중국루동대학교 국제중국어과 석좌교수

》 저서
「자동암기 신비한자 8급, 7급, 6급, 5급 시리즈」
「가장 쉬운 어린이 중국어 시리즈」
「주니어 신HSK붐붐 1, 2, 3, 4권」
「어린이YCT붐붐2급」
「국민대표중국어첫걸음」
「뽀뽀와 구루몽의 신나는 중국어 시리즈」 공저

》 콘텐츠 개발
호락호락오감중국어
한자랑중국어랑 놀자
문정아중국어 ‘리듬’ 기획

# 자동암기 신비한자 5급

지은이  김인숙
펴낸이  정규도
펴낸 곳  (주)다락원

초판 1쇄 인쇄  2022년 3월 25일
초판 2쇄 발행  2023년 4월 25일

총괄편집  이후춘
책임편집  한채윤

표지 디자인  정현석
내지 디자인  박정현
일러스트  김은미

다락원  경기도 파주시 문발로 211
내용 및 구입문의: (02)736-2031  내선 290~298
팩스: (02)732-2037  내선 250~252
출판등록  1977년 9월 16일 제406-2008-000007호

ISBN 978-89-277-7218-7  13720

# 차례

이 책의 구성 ......................................................... 4

한자를 배우면 무엇이 좋을까요? .......................... 6

한자는 어떻게 만들어 졌을까요? .......................... 7

한자는 어떻게 공부해요? ....................................... 8

한자를 바르고 예쁘게 쓰려면요? .......................... 9

**1단계** 春夏秋冬花風友各部限 言話計 ····· 12

한자어 立春　立夏　春秋　立冬　各人各色　二八靑春
　　　　馬耳東風　春夏秋冬

**2단계** 太去信便成當親高才對 刀利別 ····· 28

한자어 成長　父親　自信　對立　門前成市　自手成家
　　　　天下太平　父子有親

**3단계** 性形活短示朝社毛重樂 一京交 ····· 44

한자어 安樂　國樂　人性　活力　百年同樂　不言長短
　　　　一長一短　形形色色

**4단계** 功見行會作弱血放神新 儿元光 ····· 60

한자어 見學　老弱　血肉　血色　朝會　神話　見物生心　作心三日

**5단계** 命死村急畫田理和竹運 厂元歷 ····· 76

한자어 時急　命中　書信　運命　原理　竹刀　九死一生　不死永生

**6단계** 明無又線意直銀步强用 辶近遠 ····· 92

한자어 强國　明白　車線　銀行　直線　步行　信用　有口無言

**7단계** 共貝米肉半讀書詩禮科 圖區開 ····· 108

한자어 共同　科目　禮物　無禮　白米　詩人　貝物　半白

**8단계** 身旗英聞夜通番頭等班 音黃首 ····· 124

한자어 國旗　先頭　頭目　合班　當番　夜間　開花　身土不二

정답 ......................................................................... 155

준 5급 HNK 실전 예상문제 ................................. 166

5급 대한 검정회 실전 예상문제 .......................... 172

# 이 책의 구성

OR코드를 찍으면 더욱 생생한
음성으로 이야기를 들을 수 있어요.

재미있는 이야기로 오늘 배울 한자를
미리미리 알아봐요.

한자가 만들어지는
과정을 그림과 함께
알아봐요.

필순에 따라 정확하게
한자를 써 보고, 익혀요.

오늘 배운 한자의
중국어 발음과 뜻을
배워요.

배운 한자를
바르게 써 보고,
익혀요.

## 신나는 한자놀이

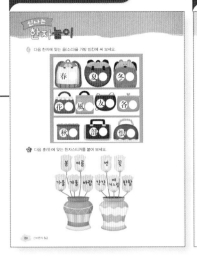

다양한 놀이 학습으로 문제를 풀다보면 한자가 머리에 쏙쏙!

## 재미있는 한자익히기

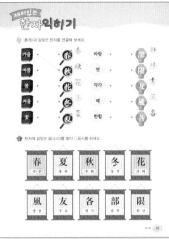

문제를 풀면서 앞에서 배운 한자를 다시 한 번 복습해요.

## 쿵쿵따 리듬한자

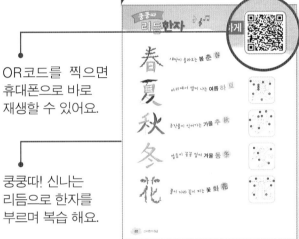

OR코드를 찍으면 휴대폰으로 바로 재생할 수 있어요.

쿵쿵따! 신나는 리듬으로 한자를 부르며 복습 해요.

## 재미있는 한자이야기

생활에서 쓰이는 한자어와 고사성어를 이야기로 배워요.

## 재미있는 부수이야기

부수 로보트와 함께 부수의 개념과 원리를 재미있게 배워요.

## 한자카드

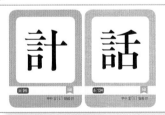

단어 카드를 뜯어서 나만의 단어장을 만들어 봐요.

## 실전 예상문제

배운 한자를 실제 시험 유형으로 풀어보면서 시험에 대비해요.

# 한자를 배우면 무엇이 좋을까요?

**①** 우리말 단어의 70%가 한자어로 되어있어.

**②** 한자를 알면 우리말 이해가 쉬워져.

**③** 중국어와 일본어를 쉽게 배울 수 있어요.

**④** 한자를 알면 동양권 문화도 알게 되고, 제2외국어 학습에 도움이 돼!

**⑤** 한자로 기록된 전통문화를 잘 이해할 수 있어.

**⑥** 연상학습이 되니 머리가 똑똑해져.

# 한자는 어떻게 만들어 졌을까요?

## 상형문자

사물의 모양을 본떠 만든 글자

아주 옛날 사람들이 사물을 그림으로 그려 문자로 사용하면서 상형문자가 만들어졌대.

중국에 '창힐'이라는 사람이 동물들이 남긴 발자국을 보고 문자를 만들었다는 이야기도 있어.

달     나무     해

## 지사문자

점과 선을 이용해서 다양한 문자를 표현하자!

## 회의문자

나무木와 나무木가 만나면 울창한 숲林이래.

수풀 림

이미 만든 글자를 합체!

木 + 木 = 林

## 형성문자

입(뜻)과 문(음)을 합하여 '물어보다'라는 뜻이 된 글자.

물을 문

소리와 뜻을 사이 좋게 나눠서 합체!

口 + 門 = 問

## 전주문자

이미 있는 한자를 이용하여 전혀 다른 음과 뜻으로 사용하는 글자

즐거울 락(樂)

노래 악, 즐길 락(낙), 좋아할 요 여러 가지 다른 음과 뜻으로 사용!

## 가차 문자

한자가 없을 때, 뜻은 다르나 음이 같거나 비슷한 한자를 찾아 사용된 글자

伊太利
이태리 → 이탈리아
亞細亞
아세아(ASIA)

외국어는 어떻게 표시 했을까?

# 한자는 어떻게 공부해요?

## 1 한자의 3요소

한자는 각 글자마다 모양, 뜻, 읽는 방법의 소리가 있어요.

| 모양(形) | 한자가 가지고 있는 자체 글자 모양 |
|---|---|
| 뜻(義) | 한자가 가지고 있는 뜻 |
| 소리(音) | 한자마다 구별할 수 있는 한자를 읽는 소리 |

예 모양 : 天 | 뜻 : 하늘 | 소리 : 천

## 2 획의 모양과 명칭

한자를 배우기 전에 기본 획의 모양을 따라 써 보세요.

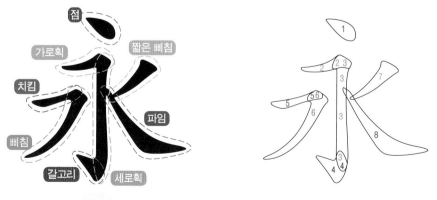

길 영

# 한자를 바르고 예쁘게 쓰려면요?

필순(획순) : 한자를 쓰는 순서를 배워봐요.

**필순 쓰기 1단계**

**①** 위에서부터 아래로 쓴다.
예 川 州

**②** 왼쪽부터 오른쪽으로 쓴다.
예 三 言

**③** 가로와 세로가 겹칠 때는 가로를 먼저 쓰고 세로를 쓴다. 예 十 井

十(열 십) 一 十

**필순 쓰기 2단계**

**④** 좌우 대칭인 글자는 가운데를 먼저 쓴다.
예 小 水

**⑤** 바깥쪽과 안쪽이 있을 때는 바깥쪽을 먼저 쓴다.
예 日 月

**⑥** 좌로 삐침(丿)과 우로 삐침(乀)이 함께 올 때는 좌로 삐침(丿)을 먼저 쓴다.
예 人 父

**필순 쓰기 3단계**

**⑦** 좌우로 꿰뚫는 가로획은 나중에 쓴다. 예 女 母

**⑧** 위에서 아래로 꿰뚫는 획은 나중에 쓴다.
예 中

中(가운데 중) 丨 冂 口 中

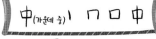
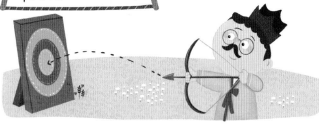

**필순 쓰기 4단계**

**⑨** 아래를 에워싼 획은 나중에 쓴다.

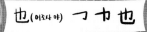

**⑩** 오른쪽 위의 점은 맨 나중에 쓴다.

犬(개 견) 一 ナ 大 犬

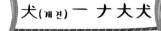

**⑪** 받침은 맨 나중에 쓴다.

近(가까울 근) 一 厂 斤 斤 沂 沂 近

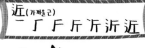

# 부수의 위치

부수는 글자에서 놓인 위치에 따라 부르는 이름이 달라요.
변, 방, 머리, 발, 엄, 받침, 몸, 제부수 8가지로 나눕니다.

| 변 | | | 글자의 왼쪽에 위치한 부수 | 話 計 |
|---|---|---|---|---|
| 방<br>(곁방) | | | 글자의 오른쪽에 위치한 부수 | 利 別 |
| 머리 | | | 글자의 위쪽에 위치한 부수 | 京 交 |
| 발 | | | 글자의 아래쪽에 위치한 부수 | 元 光 |
| 엄<br>(엄호) | | | 글자의 위와<br>왼쪽을 싸고 있는 부수 | 原 厉 |
| 받침 | | | 글자의 왼쪽과<br>밑을 싸고 있는 부수 | 近 遠 |
| 몸<br>(에운담) | | | 글자를 에워싸고 있는 부수 | 區 開 圖 |
| 제부수 | | | 한 글자 그대로 전체가 부수 | 音 黃 首 |

# 부수 노래

왼 쪽 에 오 - 면 변 - - 오 른 쪽 은 방 - -

위 쪽 에 오 - 면 머 - 리 아 래 쪽 은 발 - -

위 쪽 에 서 왼 쪽 싸 면 엄 - -(엄호) 왼 쪽 에 서 아 래 싸 면 받 - 침

글 자 를 에 워 싸 면 몸 - -(에운담) 글 자 전 체 부 수 일 땐 제 - 부 수

# 1단계

햇살이 따뜻하게 비추는 봄春이 왔어요.
겨울冬잠을 잤던 동물친구友들도 모두 포근한
햇살을 쬐고 있어요. 지나가던 겨울冬 바람風
이 평화로운 동물들을 보고 샘이 났어요.

"나의 거센 바람
공격을 받아라 후~
더 세게 후~"

겨울冬 바람風은 가던 길을 멈추고
차가운 겨울冬 바람風을 일으켰어요.
깜짝 놀란 꽃花과 나무들은 피우고 있던
초록 잎을 숨기고 아기 동물들도 각자各
꼭꼭 숨어버렸어요.

"겨울冬 바람風아, 봄春, 여름夏,
가을秋이 지나야 다시 겨울冬 이
오는 거야. 지금은 추위가 물러 갈 때
야. 어서 가던 길을 가렴."

## 그림 속의 숨은 한자 찾기

| 春 | 夏 | 秋 | 冬 | 花 | 風 | 友 | 各 | 部 | 限 |
|---|---|---|---|---|---|---|---|---|---|
| 봄 춘 | 여름 하 | 가을 추 | 겨울 동 | 꽃 화 | 바람 풍 | 벗 우 | 각각 각 | 떼 부 | 한할 한 |
| ☐ | ☐ | ☐ | ☐ | ☐ | ☐ | ☐ | ☐ | ☐ | ☐ |

그때 외투를 걸친 나그네가 지나가는 것을 본 **봄春** 햇님과 **겨울冬 바람風**은 누가 먼저 나그네의 외투를 벗게 하는지 내기를 했어요.

**겨울冬 바람風**이 먼저 거세고 차가운 바람을 일으켰어요.
바람이 불자 갑자기 추워진 날씨에 나그네는 외투를 단단히 붙잡고 목도리로 **최대한限** 몸을 감쌌어요.

"나의 포근하고 따스한 빛을 받아라."

이번엔 **봄春** 햇님 차례가 되었어요.
**봄春** 햇님이 따스한 빛을 뿜어내자 갑자기 더워진 날씨에 나그네는 목도리와 외투까지 **전부部** 벗어버렸어요.

**겨울冬 바람風**은 거칠고 사나운 것보다 부드럽고 따스한 것이 때로는 더 강하다는 걸 알게 되었답니다.

 **봄 춘**

훈 **봄** 음 **춘**

새싹이 올라오는 모습.
뜻은 봄이고, 춘이라고 읽어요.

중국어
春 봄
chūn 춴

총 9획 一 二 三 丰 夫 夫 春 春 春

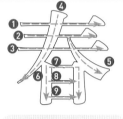

부수 4획 日 날 일
春

| 봄 춘 | 봄 춘 | 봄 춘 | 봄 춘 | 봄 춘 | 봄 춘 |
|---|---|---|---|---|---|

겨울이 가고 입춘 ☐ 이 다가와 봄 옷을 꺼내 두었어요.

---

 **여름 하**

훈 **여름** 음 **하**

머리에서 땀이 흐를 정도로 더워 천천히 걷게 되는
모습. 뜻은 여름이고, 하라고 읽어요.

중국어
夏 여름
xià 씨아

총 10획 一 一 一 一 百 百 百 百 頁 夏 夏

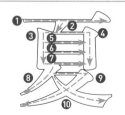

부수 3획 夊 천천히 걸을 쇠
夏

| 여름 하 | 여름 하 | 여름 하 | 여름 하 | 여름 하 | 여름 하 |
|---|---|---|---|---|---|

날씨가 더워져 긴 팔 교복을 입지 않고 반팔 하 ☐ 복을 입고 학교에 간다.

## 3 가을 추

훈 가을 음 추

가을에 벼가 익어 농작물을 보호하기 위해 메뚜기를
태웠던 모습. 뜻은 **가을**이고, **추**라고 읽어요.

중국어

秋 가을
qiū 치우

총 9획 `丿二千千禾禾禾秒秋`

부수 5획 禾 벼 화

秋

| 가을 추 | 가을 추 | 가을 추 | 가을 추 | 가을 추 | 가을 추 |

가을에 곡식이 익어 **추** ☐ 수를 시작했어요.

## 4 겨울 동

훈 겨울 음 동

끈의 양쪽 끝을 묶어놓아 일을 마무리하는 모습에
얼음빙을(冫) 더하여 '겨울'을 뜻하는 모습.
뜻은 **겨울**이고, **동**이라고 읽어요.

중국어

冬 겨울
dōng 뚱

총 5획 `丿夂夂冬冬`

부수 2획 冫 얼음 빙

冬

| 겨울 동 | 겨울 동 | 겨울 동 | 겨울 동 | 겨울 동 | 겨울 동 |

겨울에 하는 올림픽을 **동** ☐ 계 올림픽 이라 한다.

 **꽃 화**

**花**

훈 꽃 음 화

풀이 자라서 변하여 꽃이 됨을 나타냄.
뜻은 꽃이고, 화라고 읽어요.

중국어
花 꽃
huā 화

총 8획 `丶 十 艹 艹 艻 花 花 花`

| 花 | | | | | |
|---|---|---|---|---|---|
| 꽃 화 | 꽃 화 | 꽃 화 | 꽃 화 | 꽃 화 | 꽃 화 |

부수 3획 艹 풀 초
花

아버지는 화 ☐ 초 가꾸는 것을 좋아해요.

---

⑥ **바람 풍**

**風**

훈 바람 음 풍

봉황이 날면서 바람을 일으키는 모습.
뜻은 **바람**이고, 풍이라고 읽어요.

중국어
风 바람
fēng 펑f

총 9획 `丿 几 几 凡 凡 凨 風 風 風`

| 風 | | | | | |
|---|---|---|---|---|---|
| 바람 풍 | 바람 풍 | 바람 풍 | 바람 풍 | 바람 풍 | 바람 풍 |

부수 9획 風 바람 풍
風

살랑 살랑 불어오는 봄 **바람** ☐ 에 기분이 좋다.

## 7 벗 우

友 벗
yǒu 여우

친한 친구와 손을 맞잡고 있는 모습.
뜻은 **벗**이고, **우**라고 읽어요.

友

훈 벗 음 우

총 4획 一 ナ 方 友

부수 2획 又 또 우
友

| 벗 우 | 벗 우 | 벗 우 | 벗 우 | 벗 우 | 벗 우 |
|---|---|---|---|---|---|

친구에게 **우** ⬜ 정의 편지를 보냈어요.

---

## 8 각각 각

各 여러/각자
gè 꺼

'각각'이나 '따로'라는 뜻으로 각각 자신의 집으로
들어가는 모습. 뜻은 **각각**이고, **각**이라고 읽어요.

各

훈 각각 음 각

총 6획 ' ク 夂 夂 各 各

부수 3획 口 입구
各

| 각각 각 | 각각 각 | 각각 각 | 각각 각 | 각각 각 | 각각 각 |
|---|---|---|---|---|---|

사람은 팔과 다리가 **각각** ⬜ 두 개씩 있다.

 **9 떼 부**

 ▸ 部

部

훈 떼 음 부

여러 고을(마을)을 나누기 위해 만든 글자의 모습.
뜻은 떼이고, 부라고 읽어요.

중국어
部 부분
bù 뿌

총 11획 ` ` ´ 立 立 产 音 音 音' 音ß 部

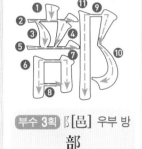

부수 3획 ß[邑] 우부 방
部

| 部 | | | | | |
|---|---|---|---|---|---|
| 떼 부 | 떼 부 | 떼 부 | 떼 부 | 떼 부 | 떼 부 |

군인들이 사용하는 물건을 각 부 ☐ 대에 배송해 주었다.

---

**10 한할 한**

 ▸ ▸▸▸ 限

限

훈 한할 음 한

고개를 돌려 무언가를 보려 했으나 가로막혀 한계
가 생겨 볼 수 없는 모습. 뜻은 한할이고 한이라고
읽어요.

중국어
限 한도
xiàn 시엔

총 9획 ´ ³ ß ß′ ß⁻ ßⁿ 阳 限 限

부수 3획 ß 좌부 변
限

| 限 | | | | | |
|---|---|---|---|---|---|
| 한할 한 | 한할 한 | 한할 한 | 한할 한 | 한할 한 | 한할 한 |

프로그램 사용 시간이 한 시간으로 제한 ☐ 되어 있어요.

1 앞에서 배운 한자를 써 보세요.

| 春 봄춘 | 春 | 春 | | | | |
| 夏 여름 하 | 夏 | 夏 | | | | |
| 秋 가을 추 | 秋 | 秋 | | | | |
| 冬 겨울 동 | 冬 | 冬 | | | | |
| 花 꽃 화 | 花 | 花 | | | | |
| 風 바람 풍 | 風 | 風 | | | | |
| 友 벗 우 | 友 | 友 | | | | |
| 各 각각 각 | 各 | 各 | | | | |
| 部 떼 부 | 部 | 部 | | | | |
| 限 한할 한 | 限 | 限 | | | | |

1 다음 한자에 맞는 음(소리)을 가방 빈칸에 써 보세요.

2 다음 훈(뜻)에 맞는 한자스티커를 붙여 보세요.

봄 여름 벗 꽃

가을 겨울 바람 각각 때<br>거느릴 한할

# 재미있는 한자익히기

**1** 훈(뜻)과 알맞은 한자를 연결해 보세요.

| 가을 | 春 |
| 여름 | 秋 |
| 봄 | 花 |
| 겨울 | 冬 |
| 꽃 | 夏 |

| 바람 |
| 벗 |
| 각각 |
| 때 |
| 한할 |

部 限 友 風 各

**2** 한자에 알맞은 음(소리)를 찾아 ○표시를 하세요.

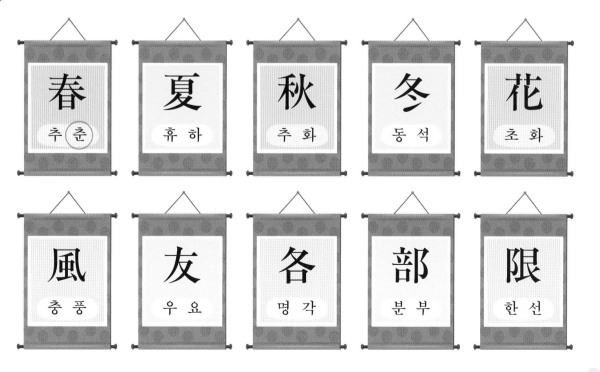

| 春 | 夏 | 秋 | 冬 | 花 |
| 추 (춘) | 휴 하 | 추 화 | 동 석 | 초 화 |

| 風 | 友 | 各 | 部 | 限 |
| 충 풍 | 우 요 | 명 각 | 분 부 | 한 선 |

 새싹이 올라오는 **봄** 춘 春

 머리에서 땀이 나는 **여름** 하 夏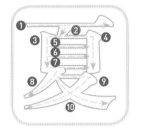

 농작물이 익어가는 **가을** 추 秋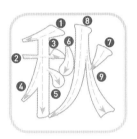

 얼음이 꽁꽁 얼어 **겨울** 동 冬

 풀이 자라 꽃이 피는 **꽃** 화 花

살랑 살랑 불어오는 **바람 풍** 風

손을 잡은 친한 친구 **벗 우** 友

각자 각자 따로 따로 **각각** 각 各

마을 마을 나눠 나눠 **떼 부** 部

한정되고 정한 범위 **한할 한** 限

## 立春
**입춘**

立 설 입(립)
春 봄 춘

24절기의 하나.
이때부터 봄이 시작됨

## 立夏
**입하**

立 설 입(립)
夏 여름 하

24절기의 하나.
이때부터 여름이 시작됨

立 春
입 춘

입춘이 지났는데 눈이 많이 왔다.

立 夏
입 하

입하에 먹는 음식으로 여름을 맞이해요.

## 春秋
**춘추**

春 봄 춘
秋 가을 추

1. 봄, 가을
2. 어른의 나이를 높여 부르는 말

## 立冬
**입동**

立 설 입(립)
冬 겨울 동

24절기의 하나.
겨울이 시작됨

春 秋
춘 추

올 해 춘추가 얼마나 되시나요?

立 冬
입 동

입동이 지난 후 날씨가 점점 추워 졌다.

# 各人各色
## 각인각색

各 각각 각
人 사람 인
色 빛 색

사람마다 각기 다름

# 二八靑春
## 이팔청춘

二 두 이 / 八 여덟 팔
靑 푸를 청 / 春 봄 춘

열여섯 살 전후의 꽃다운 청춘.
혈기 왕성한 젊은 시절

各人各色
각 인 각 색

사람마다 취향이 **각인각색**이다.

二八靑春
이 팔 청 춘

가요를 좋아하는 할머니 마음은 아직 **이팔청춘**이다.

# 馬耳東風
## 마이동풍

馬 말 마 / 耳 귀 이
東 동녘 동 / 風 바람 풍

동풍이 말의 귀를 스쳐 지나 간다는 뜻으로,
남의 말(비평, 의견)을 귀담아듣지 아니하고
흘려 버림을 이르는 말

# 春夏秋冬
## 춘하추동

春 봄 춘 / 夏 여름 하
秋 가을 추 / 冬 겨울 동

봄, 여름, 가을, 겨울의 네 계절

馬耳東風
마 이 동 풍

그에게 나의 충고가 **마이동풍**이었다.

春夏秋冬
춘 하 추 동

우리나라는 **춘하추동** 사계절이 분명하다.

# 재미있는 부수 이야기

한자 쓰기 칸을 좌우로 나눠 볼 수 있는데 글자의 왼쪽에 위치한 부수를 말해요.

나는 부수 로보트 "변"이야.

"변"의 위치는 바로 **왼쪽**이야.

변

言
말씀 언

計
셀 계

話
말씀 화

| 총 7획 | ` | ㅗ | ㅗ | 言 | 言 | 言 | 言 |

| 말씀 언 | 말씀 언 | 말씀 언 | 말씀 언 | 말씀 언 | 말씀 언 |

言(말씀 언) 부수가 들어가요

話 말씀 화

計 셀 계

語 말씀 어

## ① 말씀 화

혀를 움직이며 말을 줄줄 하는 모습.
뜻은 **말씀**이고, **화**라고 읽어요.

话 말, 이야기
huà 화

훈 말씀 음 화

총 13획 ` ` ` ` ` ` ` ` ` ` ` ` `

| 話 | 말씀 화 | 말씀 화 | 말씀 화 | 말씀 화 | 말씀 화 | 말씀 화 |
|---|---|---|---|---|---|---|

부수 7획 言[讠] 말씀 언
話

저녁식사 시간에 가족끼리 대화 ☐ 를 많이 해요.


## ② 셀 계

입에서 숫자 같은 수를 말하는 모습.
뜻은 **셀**이고, **계**라고 읽어요.

计 세다
jì 지

훈 셀 음 계

총 9획 ` ` ` ` ` ` ` ` `

| 計 | 셀 계 | 셀 계 | 셀 계 | 셀 계 | 셀 계 | 셀 계 |
|---|---|---|---|---|---|---|

부수 7획 言[讠] 말씀 언
計

문제를 풀고 계 ☐ 산이 맞는지 검토를 해보았다.

"최림은 장군감
그릇으로는 많이
부족하지."

삼국시대 위나라에 최염이라는 이름난 장군이
있었어요.
친親척들이 항상 입에 침이 마르게 최염장군
을 칭찬 했지만 외모도 빈약하고 출세하지 못
한 사촌동생 최림은 무시했어요.
최림은 그럴 때마다 마음이 편하지便 않았어
요. 최염장군은 최림의 재才능을 믿고 최림을
위로해 주러 집에 찾아 갔습니다去.

"나는 가문에서
많이 부족한 사람인가."

### 그림 속의 숨은 한자 찾기

| 太 | 去 | 信 | 便 | 成 | 當 | 親 | 高 | 才 | 對 |
|---|---|---|---|---|---|---|---|---|---|
| 클 태 | 갈 거 | 믿을 신 | 편할 편/변 | 이룰 성 | 마땅할 당 | 친할 친 | 높을 고 | 재주 재 | 대답할 대 |
| ☐ | ☐ | ☐ | ☐ | ☐ | ☐ | ☐ | ☐ | ☐ | ☐ |

QR코드로 더 생생하게

"속상해 하지 말게, 아주 큰太
종이나 큰 솥을 만들려면 당當연히
시간이 걸리지 않는가.
하루아침에 뚝딱 만들 수 없지,
큰 뜻을 이루成고 성공하기 까지는
오랜 시간이 걸리는 법이라네."

따뜻하게 대對해주며 믿어信주는 최염의
말에 힘을 얻은 최림은 공부를 게을리 하지
않고 더 열심히 노력하여 마침내 높은高
관직까지 올라 황제의 가장 가까운 곳에서
일하는 재상이 되었답니다.

★대기만성 大器晚成
큰 그릇을 만드는 데 시간이 오래 걸린다는 뜻으로,
크게 될 사람은 늦게라도 성공한다는 말이에요.
大 큰 대 | 器 그릇 기 | 晚 늦을 만 | 成 이룰 성

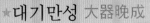

 **클 태**

훈 **클** 음 **태**

중국어
太 아주
tài 타이

큰 대(大)에 점을 찍어 더 '크다'를 나타낸 모습.
뜻은 클이고, 태라고 읽어요.

총 4획 ㅡ ナ 大 太

부수 3획 大 큰 대
太

| | | | | | |
|---|---|---|---|---|---|
| 클 태 | 클 태 | 클 태 | 클 태 | 클 태 | 클 태 |

크고 붉은 태 ☐ 양이 떠오른다.

---

 **갈 거**

훈 **갈** 음 **거**

중국어
去 떠나다, 가다
qù 취

사람이 문밖으로 나가는 모습.
뜻은 갈이고, 거라고 읽어요.

총 5획 ㅡ ＋ 土 去 去

부수 2획 厶 사사 사
去

| | | | | | |
|---|---|---|---|---|---|
| 갈 거 | 갈 거 | 갈 거 | 갈 거 | 갈 거 | 갈 거 |

삼촌은 과거 ☐ 에 운동선수였다.

# ③ 믿을 신

사람의 말은 거짓이 없고 믿을 수 있어야 함을 나타낸 모습. 뜻은 믿을이고, 신이라고 읽어요.

중국어
信 확실하다, 믿다
xìn 씬

信

훈 믿을 음 신

총 9획  ノ  イ  イ  ㅏ  仁  佇  信  信  信

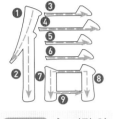

| 믿을 신 | 믿을 신 | 믿을 신 | 믿을 신 | 믿을 신 | 믿을 신 |

부수 2획  人 사람 인
信

지우는 연습을 많이 해서 잘 만들 자신 ☐ 이 있었어요.

# ④ 편할 편/똥오줌 변

便

사람이 편하도록 바꾼다는 데서 편함을 나타낸 모습. 뜻은 편할/똥오줌이고, 편/변이라고 읽어요.

중국어
便 편리하다
biàn 삐엔

훈 편할
똥오줌 음 편
변

총 9획  ノ  イ  イ  ㅏ  仁  佢  佰  便  便

| 편할 편 | 편할 편 | 편할 편 | 편할 편 | 편할 편 | 편할 편 |

부수 2획  人 사람 인
便

지인이는 구두보다 편 ☐ 한 운동화를 좋아해요.

## 5 이룰 성

成

훈 이룰 음 성

무기를 사용하여 하고자 하는 것을 '이루다', '완성되다'라는 뜻을 나타낸 모습. 뜻은 이룰이고, 성이라고 읽어요.

중국어
成 이루다
chéng 청

총 7획 ﾉ 厂 厂 厅 成 成 成

| 이룰 성 | 이룰 성 | 이룰 성 | 이룰 성 | 이룰 성 | 이룰 성 |

부수 4획 戈 창 과
成

누구나 열심히 하면 성 ☐ 공할 수 있다.

---

## 6 마땅할 당

當

훈 마땅할 음 당

밭을 살 때 마땅한 금액을 지불한다는 뜻으로 무언가를 얻기위해 노력이나 지불해야하는 것을 나타냄. 뜻은 마땅할이고, 당이라고 읽어요.

중국어
当 당연히~해야하다
dāng 땅

총 13획 ﾉ ⺌ ⺌ ⺌ 当 当 当 常 常 常 當 當 當

| 마땅할 당 | 마땅할 당 | 마땅할 당 | 마땅할 당 | 마땅할 당 | 마땅할 당 |

부수 5획 田 밭 전
當

부모님이 자녀를 걱정하는 것은 당 ☐ 연한 일이다.

# ⑦ 친할 친

**親**

훈 친할 음 친

나무처럼 똑바로 서서 가깝게 살피는 친한 사이를
나타냄. 뜻은 **친할**이고, 친이라고 읽어요.

중국어
亲 친족
qīn 친

총 16획  ` ` ` ´ ㅗ 立 立 辛 辛 亲 亲 亲 亲 亲 亲 亲 親 親

| | | | | | |
|---|---|---|---|---|---|
| 친할 친 | 친할 친 | 친할 친 | 친할 친 | 친할 친 | 친할 친 |

부수 7획 見 볼 견
親

명절에 친 ☐ 척들이 우리 집에 모였다.

# ⑧ 높을 고

**高**

훈 높을 음 고

창이 있는 높은 건물의 모양.
뜻은 **높을**이고, 고라고 읽어요.

중국어
高 높다
gāo 까오

총 10획  ` ` 亠 亠 古 古 古 高 高 高 高

| | | | | | |
|---|---|---|---|---|---|
| 높을 고 | 높을 고 | 높을 고 | 높을 고 | 높을 고 | 높을 고 |

부수 10획 高 높을 고
高

나는 세계 최고 ☐ 의 요리사가 되고 싶다.

## 9 재주 재

훈 재주 음 재

새싹이 돋아나는 모양으로 장차 크게 자랄 사람의 재주를 표현한 모양. 뜻은 재주이고, 재라고 읽어요.

중국어
才 재능
cái 차이

총 3획  一 十 才

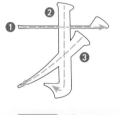

부수 3획 手 손 수
才

| 재주 재 | 재주 재 | 재주 재 | 재주 재 | 재주 재 | 재주 재 |
|---|---|---|---|---|---|

재 [ ] 능을 가지고 태어나도 노력하지 않으면 성공할 수 없다.

## 10 대답할 대

對

훈 대답할 음 대

마주하여 촛불을 손에 들고 밝히는 모습. 뜻은 대답할이고, 대라고 읽어요.

중국어
对 대답하다
duì 뚜이

총 14획  ' ' ' ' ' ' ' ' ' ' 對 對

부수 3획 寸 마디 촌
對

| 대답할 대 | 대답할 대 | 대답할 대 | 대답할 대 | 대답할 대 | 대답할 대 |
|---|---|---|---|---|---|

엄마와 할머니는 다정히 마주보며 앉아 대 [ ] 화를 했다.

# 한자 써 보기

1 앞에서 배운 한자를 써 보세요.

| 太 클 태 | | 太 | | | | |
| 去 갈 거 | | 去 | | | | |
| 信 믿을 신 | | 信 | | | | |
| 便 편할 편/똥오줌 변 | | 便 | | | | |
| 成 이룰 성 | | 成 | | | | |
| 當 마땅할 당 | | 當 | | | | |
| 親 친할 친 | | 親 | | | | |
| 高 높을 고 | | 高 | | | | |
| 才 재주 재 | | 才 | | | | |
| 對 대답할 대 | | 對 | | | | |

1 다음 음(소리)에 맞는 한자스티커를 붙여 보세요.

태　대　거　재　신

변　고　　성　당　친

2 다음 한자 중에 부수가 글자의 왼쪽 '변'에 위치한 한자를 찾아 ○표시를 하세요.

太　去

才　便　對

信　親

成　當　高

# 재미있는 한자익히기

**1** 훈(뜻)과 알맞은 한자를 연결해 보세요.

| | | | |
|---|---|---|---|
| 클 | 去 | 마땅할 | 才 |
| 이룰 | 信 | 재주 | 對 |
| 갈 | 太 | 높을 | 親 |
| 믿을 | 成 | 친할 | 當 |
| 편할 | 便 | 대답할 | 高 |

**2** 한자에 알맞은 음(소리)를 찾아 ○표시를 하세요.

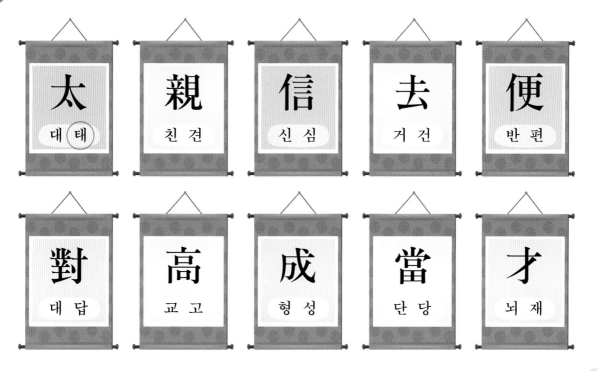

| 太 | 親 | 信 | 去 | 便 |
|---|---|---|---|---|
| 대 **태** | 친 견 | 신 심 | 거 건 | 반 편 |

| 對 | 高 | 成 | 當 | 才 |
|---|---|---|---|---|
| 대 답 | 교 고 | 형 성 | 단 당 | 뇌 재 |

큰 대에 점을 찍어 **클 태** 太

문 밖으로 나가는 **갈 거** 去

거짓없이 믿어지는 **믿을 신** 信

편한 것을 나타내서 **편할 편** 便

목표를 완성하여 **이룰 성** 成

당연하고 마땅한 **마땅할 당** 當

가깝게 살펴주는 **친할 친**

높고 높은 건물 모양 **높을 고**

재주가 자라나는 **재주 재**

마주하여 대답하는 **대답할 대**

# 成長
## 성장

| 成 이룰 성 |
| 長 긴/어른 장 |

1. 사람이나 동식물 따위가 자라서 점점 커짐
2. 사물의 규모나 세력 따위가 점점 커짐

# 父親
## 부친

| 父 아버지(아비) 부 |
| 親 친할, 어버이 친 |

아버지의 높인 말

| 성 | 장 |

청소년기는 성장이 매우 빠른 시기이다.

| 부 | 친 |

부친의 성함이 어떻게 되지요?

# 自信
## 자신

| 自 스스로 사 |
| 信 믿을 신 |

어떤 일을 해낼 수 있다거나 어떤 일이 꼭
그렇게 되리라는 데 대하여 스스로 굳게 믿음

# 對立
## 대립

| 對 대답할 대 |
| 立 설(서다) 립 |

의견이나 처지, 속성 따위가 서로
반대되거나 모순됨

| 자 | 신 |

나는 이 일을 잘 해낼 자신이 있다.

| 대 | 립 |

서로 이해하지 않고 두 사람의 의견 대립이 심하다.

## 門前成市
### 문전성시

門 문 문 / 前 앞 전
成 이룰 성
市 저자(시장) 시

찾아오는 사람이 많아 집 문 앞이 시장을
이루다시피 함을 이루는 말

門 前 成 市
문　전　성　시

맛집으로 유명해져 사람들로 문전성시를 이루었다.

## 自手成家
### 자수성가

自 스스로 자 / 手 손 수
成 이룰 성 / 家 집 가

물려받은 재산이 없이 자기 혼자의 힘으로
집안을 일으키고 재산을 모음

自 手 成 家
자　수　성　가

아버지는 자수성가 한 사람이다.

## 天下太平
### 천하태평

天 하늘 천 / 下 아래 하
太 클 태 / 平 평평할 평

정치가 잘되어 온 세상이 평화로움

天 下 太 平
천　하　태　평

다들 시합 준비로 난리인데 너는 천하태평이구나.

## 父子有親
### 부자유친

父 아버지(아비) 부
子 아들 자 / 有 있을 유
親 친할, 어버이 친

어버이(부모)와 자식 사이에는
친함이 있어야 한다.

父 子 有 親
부　자　유　친

'부자유친'은 부자간의 필요한 덕목이다.

# 재미있는 부수 이야기

한자 쓰기 칸을 좌우로 나눠 볼 수 있는데 글자의 오른쪽에 위치한 부수를 말해요.

나는 부수 로보트 "방"이야.

"방"의 위치는 바로 **오른쪽**이야.

刀(刂) 칼 도

利 이로울 리

別 다를 별

| 총 2획 | ㄱ 刀 | | | | | |
|---|---|---|---|---|---|---|
| 刀 | | | | | | |
| | 칼 도 | 칼 도 | 칼 도 | 칼 도 | 칼 도 | 칼 도 |

🍪 刀 부수가 들어가요

分 나눌 분

別 다를 별

利 이로울 리

## ① 이로울 리(이)

**훈** 이로울 **음** 리(이)

벼(禾)를 칼로 베어 추수하여 팔아 이득을 얻은 글자모습. 뜻은 **이로울**이고, **리(이)**라고 읽어요.

중국어
利 이윤
lì 리

| 총 7획 | ノ ニ 千 禾 禾 利 利 |
|---|---|

**부수 2획** 刀 칼 도
利

| 이로울 리 | 이로울 리 | 이로울 리 | 이로울 이 | 이로울 이 | 이로울 이 |
|---|---|---|---|---|---|

올 해는 농사가 풍년이라 농부들의 이 ☐ 익이 많았다.

## ② 다를 별

**훈** 다를 **음** 별

'다르다', '나누다'라는 뜻으로 뼈에 붙은 살을 나누는 모습. 뜻은 **다를**이고, **별**이라고 읽어요.

중국어
別 이별하다, 구별하다
bié 비에

| 총 7획 | ' ロ ロ 丹 另 別 別 |
|---|---|

**부수 2획** 刀 칼 도
別

| 다를 별 | 다를 별 | 다를 별 | 다를 별 | 다를 별 | 다를 별 |
|---|---|---|---|---|---|

쌍둥이 동생이 똑같이 생겨서 나도 구별 ☐ 하기가 어렵다.

# 3단계

어느 숲 속에 성性품이 나쁜 공작새가
새들과 함께 모여社살고 있었어요.
공작새는 늘 자기 자랑만 늘어놓았습니다.

"너의 날개 색과
모양形은 참 별로구나."
"너는 날개가 왜 그리
짧아短?"

어느 날 아침朝 목이 마른 공작새는 강가에서
학을 보게 되었어요.
"나는 무지개 색에 아름다운 깃털毛을 가지고 있
는데, 네 깃털은 반짝이지도 않고 거무죽죽하구나."

## 그림 속의 숨은 한자 찾기

| 性 | 形 | 活 | 短 | 示 | 朝 | 社 | 毛 | 重 | 樂 |
|---|---|---|---|---|---|---|---|---|---|
| 성품 성 | 모양 형 | 살다 활 | 짧을 단 | 보일 시 | 아침 조 | 모일 사 | 털 모 | 무거울 중 | 즐길 락 |
| ☐ | ☐ | ☐ | ☐ | ☐ | ☐ | ☐ | ☐ | ☐ | ☐ |

공작새는 또 다시 보이는示대로 다른 새를 놀리며 존중重하지 않았어요.

"나는 네가 조금도 부럽지 않아, 너는 땅에서만 生活活하지만 나는 내 깃털로 하늘을 날며 세상 어디든 다닐 수 있거든, 그런데 너는 그런 깃털로 자랑하는 것 말고 또 무얼 할 수 있니?
너는 겉모습만 아름답고 늘 자랑만 하는 마음은 아름답지 않구나".

"네 말이 맞아, 앞으로는 반성하고 마음을 아름답게 가꿀게."

학의 말을 들은 공작새는 너무 부끄러워 깃털을 접었습니다.
공작새는 다시는 친구들을 놀리지 않고, 다른 새들과 즐겁게樂 生活活했답니다.

## 1 성품 성

훈 성품 음 성

사람이 태어나면서부터 갖게 되는 성품, 마음을
나타낸 모습. 뜻은 **성품**이고, 성이라고 읽어요.

중국어
性 성격
xíng 씽

총 8획  ´ ` ` 忄 忄 忄 忄 忄 性 性

부수 3획 忄 심방변 심
性

| 성품 성 | 성품 성 | 성품 성 | 성품 성 | 성품 성 | 성품 성 |
|---|---|---|---|---|---|

시영이는 성　　격이 밝고 명랑합니다.

## 2 모양 형

훈 모양 음 형

털로 만든 붓으로 가로 세로로 그린 모양을 나타
냄. 뜻은 **모양**이고, 형이라고 읽어요.

중국어
形 형, 형상
xíng 씽

총 7획  ー 二 于 开 开´ 形 形

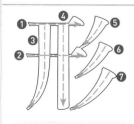

부수 3획 彡 터럭 삼
形

| 모양 형 | 모양 형 | 모양 형 | 모양 형 | 모양 형 | 모양 형 |
|---|---|---|---|---|---|

수학 시간에 여러 가지 도형　　에 대해 배웠다.

# ③ 살다 활

막혔던 물이 터져 콸콸 흐르듯 활기찬 것을 나타냄.
뜻은 살다이고, 활이라고 읽어요.

중국어
活 살다
huó 훠

훈 살다 음 활

총 9획 ` ` ` 氵 氵 氵 汗 汗 活 活

부수 3획 氵 삼수변 수
活

| 살다 활 | 살다 활 | 살다 활 | 살다 활 | 살다 활 | 살다 활 |

큰 형은 대학교를 졸업하고 사회생활 [ ] 을 시작했어요.

# ④ 짧을 단

화살(화살 시 矢)의 길이와 음식담는 그릇모양
(콩 두 豆)이 짧은 것을 나타냄. 뜻은 짧을이고,
단이라고 읽어요.

중국어
短 짧다
duǎn 두안

훈 짧을 음 단

총 12획 ′ ′ ≤ 矢 矢 矢 知 知 知 知 短 短

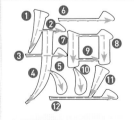

부수 5획 矢 화살 시
短

| 짧을 단 | 짧을 단 | 짧을 단 | 짧을 단 | 짧을 단 | 짧을 단 |

사람은 누구나 장점과 단 [ ] 점을 갖고 있다.

## ⑤ 보일 시

훈 보일 음 시

신께 제사지내는 제단 모양을 그려 제사지내는 제단 모양. 뜻은 **보일**이고, **시**라고 읽어요.

중국어
示 보이다
shì 스

총 5획  一 二 亍 示 示

| | | | | | |
|---|---|---|---|---|---|
| 보일 시 | 보일 시 | 보일 시 | 보일 시 | 보일 시 | 보일 시 |

부수 5획  示 보일 시
示

곤충 전시 [ ] 회가 열리고 있다.

## ⑥ 아침 조

훈 아침 음 조

달이지면서 떠오르는 해를 나타낸 '아침'의 모습. 뜻은 **아침**이고, **조**라고 읽어요.

중국어
朝 아침
zhāo 쟈오

총 12획  一 十 十 古 古 古 直 卓 朝 朝 朝 朝

| | | | | | |
|---|---|---|---|---|---|
| 아침 조 | 아침 조 | 아침 조 | 아침 조 | 아침 조 | 아침 조 |

부수 4획  月 달 월
朝

아침 조 [ ] 회 시간에 출석을 불러요.

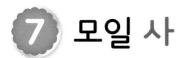 **7 모일 사**

**훈** 모일 **음** 사

제사를 지내기 위해 사람들이 모이는 모습.
뜻은 **모일**이고, **사**라고 읽어요.

중국어
社 조직체
shè 셔

**총 8획** 一 二 丁 手 示 礻 社 社

| | | | | | |
|---|---|---|---|---|---|
| 모일 사 | 모일 사 | 모일 사 | 모일 사 | 모일 사 | 모일 사 |

**부수 5획** 示 보일 시
社

우리 집 가까운 곳에 엄마 회**사** ☐ 가 있다.

---

**8 털 모**

毛

**훈** 털 **음** 모

사람이나 동물의 털을 나타낸 모양.
뜻은 **털**이고, **모**라고 읽어요.

중국어
毛 털
máo 마오

**총 4획** 一 二 三 毛

| | | | | | |
|---|---|---|---|---|---|
| 털 모 | 털 모 | 털 모 | 털 모 | 털 모 | 털 모 |

**부수 4획** 毛 털 모
毛

할머니는 흰머리가 많아서 모 ☐ 발 염색을 했어요.

# 9 무거울 중

重 · 重 · 重 重

무거운 자루를 등에 진 사람의 모습.
뜻은 무거울이고, 중이라고 읽어요.

(훈) 무거울 (음) 중

중국어
重 무게
zhòng 쫑

총 9획   ´ 二 千 千 台 台 白 重 重

부수 7획  里 마을 리
重

| 무거울 중 | 무거울 중 | 무거울 중 | 무거울 중 | 무거울 중 | 무거울 중 |
|---|---|---|---|---|---|

가족은 무엇보다 소중 　 하다.

# 10 즐길 락(낙)/노래 악/좋아할 요

𝑿 · 樂 · 樂 樂

나무 틀 위에 실을 매어 만든 악기를 올려놓은 모양.
뜻은 즐길/노래/좋아할이고, 락(낙)/악/요라고
읽어요.

(훈) 즐길/노래
좋아할 (음) 락/악
요

중국어
乐 즐겁다
lè 러

총 15획   ´ ′ 竹 竹 白 白 伯 伯 伯 丝 絆 絆 樂 樂 樂 樂

부수 4획  木 나무 목
樂

| 즐길 락(낙) | 즐길 락(낙) | 즐길 락(낙) | 노래 악 | 노래 악 | 노래 악 |
|---|---|---|---|---|---|

반주 음악 　 맞춰 즐겁게 노래를 불렀다.

# 한자 써 보기

① 앞에서 배운 한자를 써 보세요.

| 性 성품 성 | | 性 | | | | | |
| 形 모양 형 | | 形 | | | | | |
| 活 살다 활 | | 活 | | | | | |
| 短 짧을 단 | | 短 | | | | | |
| 示 보일 시 | | 示 | | | | | |
| 朝 아침 조 | | 朝 | | | | | |
| 社 모일 사 | | 社 | | | | | |
| 毛 털 모 | | 毛 | | | | | |
| 重 무거울 중 | | 重 | | | | | |
| 樂 즐길 락(낙) | | 樂 | | | | | |

# 신나는 한자놀이

1 다음 훈(뜻)에 맞는 한자스티커를 붙여 보세요

성품
살다
모양
짧을
아침
보일
즐길
모일
무거울
털

2 다음 빈칸에 맞는 음(소리)를 써 보세요.

性 形 示 毛 重

活 社 朝 樂 短

# 한자익히기

① 훈(뜻)과 알맞은 한자를 연결해 보세요.

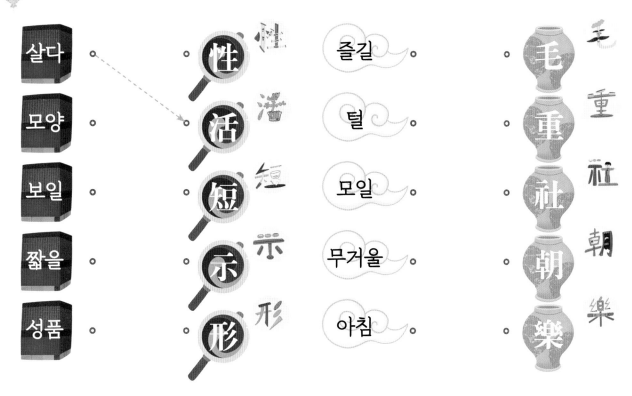

② 한자에 알맞은 음(소리)를 찾아 ○표시를 하세요.

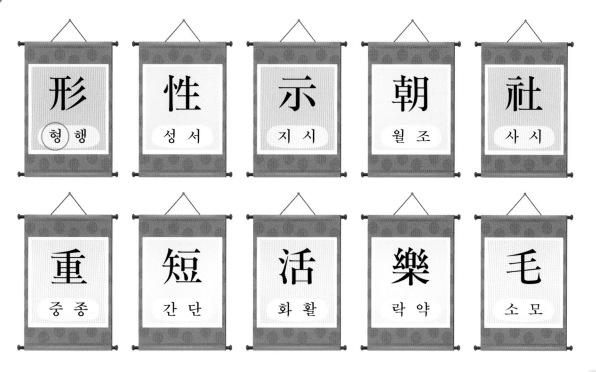

 마음이 나타나는 **성품 성** 性

 가로 세로 모양 그린 **모양 형** 形

 힘차고 활기찬 **살다** 활 活

 짧은 길이 짧은 높이 **짧을 단** 短

 제사 지내는 제단 모양 **보일 시** 示

 해가 떠오르는 아침, **아침 조** 朝

 사람들이 모이는 **모일 사** 社

 털 모양을 나타낸 **털 모** 毛

 무겁고 무거운 **무거울 중** 重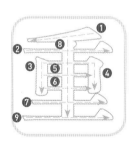

 악기를 연주하며 **즐길 락(노래 악)** 樂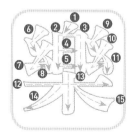

## 安樂
### 안락

> 安 편안할 안
> 樂 즐길 락

몸과 마음이 편안하고 즐거움

| 安 | 樂 | |
|---|---|---|
| 안 | 락 | |

방을 깨끗하게 정리하니 안락감이 느껴졌다.

## 國樂
### 국악

> 國 나라 국
> 樂 노래 악

우리나라의 고유한 음악

| 國 | 樂 | |
|---|---|---|
| 국 | 악 | |

오늘 국악 연주에서는 아리랑을 연주했다.

## 人性
### 인성

> 人 사람 인
> 性 성품 성

사람의 성품

| 人 | 性 | |
|---|---|---|
| 인 | 성 | |

올바른 인성 교육에 힘써야 한다.

## 活力
### 활력

> 活 살(살다) 활
> 力 힘 력

생기 있는 기력

| 活 | 力 | |
|---|---|---|
| 활 | 력 | |

좋은 음악은 우리 생활에 활력을 준다.

# 百年同樂
## 백년동락

> 百 일백 백/年 해 년
> 同 한가지 동
> 樂 즐길 락

부부가 되어 한평생을 같이 살며
함께 즐거워함

# 不言長短
## 불언장단

> 不 아니 불
> 言 말씀 언/長 긴 장
> 短 짧을 단

남의 장점과 단점을 말하지 않는다는 뜻

결혼해서 두 부부는 백년동락하며 살다.

그 사람은 남에게 불언장단 하기로 유명하다.

# 一長一短
## 일장일단

> 一 한 일/長 긴 장
> 一 한 일/短 짧을 단

장점도 있고 단점도 있음

# 形形色色
## 형형색색

> 形 모양 형
> 色 빛 색

형상, 빛깔 따위가 서로 다른
여러 가지

사람은 누구나 다 일장일단이 있다.

꽃밭에 형형색색의 예쁜 꽃들이 피어 있어요.

# 재미있는 부수 이야기

## 한자에서 "머리"란?

한자 쓰기 칸을 상하로 나눠 볼 수 있는데 글자의 위쪽에 위치한 부수를 말해요.

나는 부수 로보트 "머리"이야.

"머리"의 위치는 바로 **위쪽**이야.

| 머리 |
| --- |

머리부분 두
돼지해머리 두

京 서울 경

交 사귈 교

| 총 2획 `、` `亠` | | | | | |
| --- | --- | --- | --- | --- | --- |
| | | | | | |
| 머리부분 두 | 머리부분 두 | 머리부분 두 | 돼지해머리 두 | 돼지해머리 두 | 돼지해머리 두 |

## 亠 부수가 들어가요

555m
123층

우와~ 높다!

高 높을 고

京 서울 경

앞으로 서로 자주 교류합시다

交 사귈 교

# ① 서울 경

京

훈 서울 음 경

높은 곳에 위치한 누각을 본뜬 모습.
뜻은 **서울**이고, **경**이라고 읽어요.

중국어
京 수도
jīng 찡

총 8획 `` 一 亠 宀 亩 亨 京 京

부수 2획 亠 머리부분 두
京

| 서울 경 | 서울 경 | 서울 경 | 서울 경 | 서울 경 | 서울 경 |

경 ☐ 성은 '서울'의 옛날 이름이다.

# ② 사귈 교

交

훈 사귈 음 교

사람의 종아리가 교차해 있는 모양을 본뜬 모양.
뜻은 **사귈**이고, **교**라고 읽어요.

중국어
交 사귀다
jiāo 찌아오

총 6획 `` 一 亠 六 宀 交

부수 2획 亠 머리부분 두
交

| 사귈 교 | 사귈 교 | 사귈 교 | 사귈 교 | 사귈 교 | 사귈 교 |

신랑 신부가 결혼반지를 교 ☐ 환하다.

# 4단계

옛날 힘이 아주 세고 용감한 변장자라는 사람이 호랑이를 사냥하기 위해 호랑이가 자주 다니는行 산 근처 어느 여관에 머무르고 있었어요. 그러던 어느 날 잠을 자려는 그 순간, 어디선가 비명 소리가 들려와 사람들이 모여會 있는 곳으로 나가보았어요. 호랑이 두 마리가 소를 서로 잡아먹으려고 싸우고 있었어요. 변장자는 당장에 호랑이를 때려잡으려 했어요.

## 그림 속의 숨은 한자 찾기

| 功 | 見 | 行 | 會 | 作 | 弱 | 血 | 放 | 神 | 新 |
|---|---|---|---|---|---|---|---|---|---|
| 공 공 | 볼 견 | 다닐 행 | 모일 회 | 지을 작 | 약할 약 | 피 혈 | 놓을 방 | 귀신 신 | 새로울 신 |
| ☐ | ☐ | ☐ | ☐ | ☐ | ☐ | ☐ | ☐ | ☐ | ☐ |

이 때 한 아이가 변장자에게 호랑이를 잡을
새로운新 작作전을 알려주었어요.
"호랑이 두 마리가 서로 싸우다가 힘이 약한弱
호랑이가 피血를 흘리고 죽게 될 거예요. 그 때
이기긴 했지만 상처를 입고 지쳐 방放심한,
나머지 호랑이의 약弱점을 공격해 잡으세요."

변장자는 아이의 말이 옳다고 생각해
알려준 방법대로 호랑이의 싸움을 지켜
보며見 기다렸어요.
그랬더니 신神기하게도 아무런 힘을
쓰지 않고 아주 쉽게 두 마리 호랑이를
잡는데 성공功했어요.

★일거양득 一擧兩得
한 가지 일을 하여 두 가지 이익을 얻는다는 말이에요.
一 한 일 | 擧 들 거 | 兩 둘 양 | 得 얻을 득

 **1 공 공**

훈 공 음 공

 功 功

장인이(工) 힘을(力) 들여 일하는 모습을 나타냄.
뜻은 공이고, 공이라고 읽어요.

중국어
功 공로
gōng 꽁

| 총 5획 | ㄱ ㄱ 工 功 功 |

| 功 | | | | | | |
|---|---|---|---|---|---|---|
| | 공공 | 공공 | 공공 | 공공 | 공공 | 공공 |

부수 2획 力 힘 력
功

성공 □ 하려면 노력해야 한다.

**2 볼 견**

見

훈 볼 음 견

 見 見

사람이 눈으로 무엇을 보고 있는 모양.
뜻은 볼이고, 견이라고 읽어요.

중국어
见 보다
jiàn 찌엔

| 총 7획 | 丨 冂 冂 目 目 貝 見 |

| 見 | | | | | | |
|---|---|---|---|---|---|---|
| | 볼견 | 볼견 | 볼견 | 볼견 | 볼견 | 볼견 |

부수 7획 見 볼 견
見

친구와 함께 박물관에 **견** □ 학을 갔습니다.

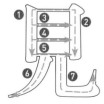

## 3 다닐 행

사방으로 통하는 사거리 길의 모양.
뜻은 다닐이고, 행이라고 읽어요.

중국어
行 걷다, 길
xíng 씽

훈 다닐 음 행

총 6획 ' ' ' ' ' ' ' ' ' ' 行

부수 6획 行 다닐 행
行

| 다닐 행 | 다닐 행 | 다닐 행 | 다닐 행 | 다닐 행 | 다닐 행 |
|---|---|---|---|---|---|

지우는 연습을 많이 해서 잘 만들 자신 ☐ 이 있었어요.

## 4 모일 회

그릇에 고기가 담겨 있고 뚜껑과 받침이 결합하는
모습. 뜻은 모일이고, 회라고 읽어요.

중국어
会 모이다
huì 후이

훈 모일 음 회

총 13획 ' ' ' ' ' ' ' ' ' ' ' ' ' 會 會 會

부수 4획 日 가로 왈
會

| 모일 회 | 모일 회 | 모일 회 | 모일 회 | 모일 회 | 모일 회 |
|---|---|---|---|---|---|

오늘은 우리반 회 ☐ 장을 뽑는 날입니다.

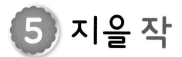

## 5 지을 작

(훈) 지을 (음) 작

옷깃에 바느질하는 모습을 나타냄.
뜻은 지을이고, 작이라고 읽어요.

중국어
作 만들다
zuò 쭈오

총 7획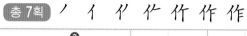

부수 2획 人 사람 인
作

| 지을 作 | 지을 作 | 지을 作 | 지을 작 | 지을 작 | 지을 작 |
|---|---|---|---|---|---|

수업시간에 지점토로 만든 작 [ ] 품을 교실에 전시했다.

## 6 약할 약

(훈) 약할 (음) 약

오래되어 끝이 낡은 활 두 개를 겹친 모양을 나타
낸 글자. 뜻은 약할이고, 약 이라고 읽어요.

중국어
弱 허약하다
ruò 루오

총 10획

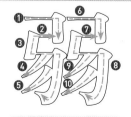

부수 3획 弓 활궁
弱

| 약할 약 | 약할 약 | 약할 약 | 약할 약 | 약할 약 | 약할 약 |
|---|---|---|---|---|---|

약 [ ] 자를 괴롭히지 않고 서로 도와야 해요.

64 신비한자 5급

# 7 피 혈

血

훈 피 음 혈

옛날 신에게 바치기 위해 양의 피를 그릇에 받는 모양. 뜻은 피이고, 혈이라고 읽어요.

중국어

血 피
xiě 시에

총 6획 　丿 丶 亠 冇 血 血

부수 6획 血 피 혈

血

| | 피 혈 | 피 혈 | 피 혈 | 피 혈 | 피 혈 | 피 혈 |
|---|---|---|---|---|---|---|

아빠가 상처에 피가 멈추도록 지혈 [ ] 을 해 주셨다.

# 8 놓을 방

放

훈 놓을 음 방

중국어

放 놓아주다
fàng 팡

몽둥이로 내쳐서 보낸다는 뜻에서 시작하여 '놓다, 그만두다'의 뜻을 나타냄. 뜻은 놓을이고, 방이라고 읽어요.

총 8획 　丶 亠 亍 方 扩 扩 放 放

부수 4획 攵 칠 복

放

| | 놓을 방 | 놓을 방 | 놓을 방 | 놓을 방 | 놓을 방 | 놓을 방 |
|---|---|---|---|---|---|---|

경찰이 방 [ ] 심한 사이에 도둑이 도망 갈 뻔 했다.

**9** 귀신/신비로울 신

옛날 번개를 치는 것은 신의 행위라고 생각해서 '귀신'이라는 뜻을 나타냄. 뜻은 귀신/신비로울 이고, 신이라고 읽어요.

神 신
shén 션

神
훈 귀신 신비로울 음 신

총 10획 `一 二 子 手 示 示 和 和 和 神`

부수 5획 示 보일 시
神

| 귀신 신 | 귀신 신 | 귀신 신 | 귀신 신 | 귀신 신 | 귀신 신 |

봄이 되면 자연의 신☐비로움을 느낀다.

---

**10** 새로울 신

도끼로 나무를 베어 새로운 물건을 얻는 모습. 뜻은 새로울이고, 신이라고 읽어요.

중국어
新 새롭다
xīn 씬

新
훈 새로울 음 신

총 13획 `` ` `` `、 ` ` 二 ㅗ 효 ㅍ 후 후 후 후 新 新 新 ``

부수 4획 斤 도끼 근
新

| 새로울 신 | 새로울 신 | 새로울 신 | 새로울 신 | 새로울 신 | 새로울 신 |

외할머님 댁으로 신☐년 인사를 하러 간다.

## 뚝딱뚝딱 한자 써 보기

1 앞에서 배운 한자를 써 보세요.

| 功 공공 | 功 | 功 | | | | | |
|---|---|---|---|---|---|---|---|
| 見 볼 견 | 見 | 見 | | | | | |
| 行 다닐 행 | 行 | 行 | | | | | |
| 會 모일 회 | 會 | 會 | | | | | |
| 作 지을 작 | 作 | 作 | | | | | |
| 弱 약할 약 | 弱 | 弱 | | | | | |
| 血 피 혈 | 血 | 血 | | | | | |
| 放 놓을 방 | 放 | 放 | | | | | |
| 神 귀신/신비로울 신 | 神 | 神 | | | | | |
| 新 새로울 신 | 新 | 新 | | | | | |

1 다음 훈(뜻)에 맞는 한자스티커를 붙여 보세요.

2 다음 한자에 맞는 음(소리)을 써 보세요.

① 훈(뜻)과 알맞은 한자를 연결해 보세요.

공 •
다닐 •
모일 •
볼 •
지을 •

• 會
• 功
• 行
• 作
• 見

새로울 •
놓을 •
귀신 •
피 •
약할 •

• 放
• 神
• 血
• 新
• 弱

② 한자에 알맞은 음(소리)를 찾아 ○표시를 하세요.

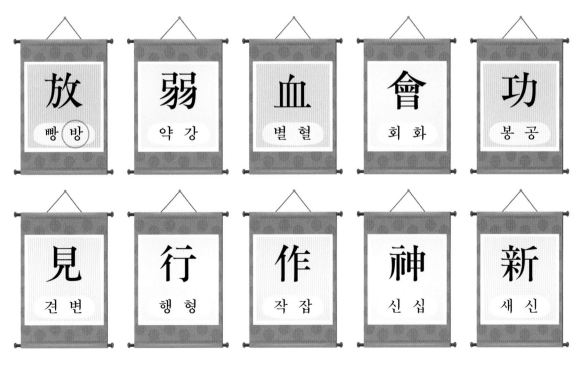

放 　빵 (방)
弱 　약 강
血 　별 혈
會 　회 화
功 　봉 공

見 　견 변
行 　행 형
作 　작 잡
神 　신 십
新 　새 신

 장인이 일하는 모습 **공** 공 功

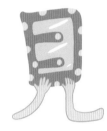 눈으로 보고있는 **볼** 견 見

 사거리 길의 모양 **다닐** 행 行

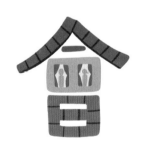 결합하는 모습 **모일** 회 會

 바느질 하는 모습 **지을** 작 作

 낡은 활 두개 모양 **약할 약** 弱

 피를 그릇에 받는 모양 **피 혈** 血

 쫓아내고 놓아주는 **놓을 방** 放

 눈에는 보이지 않는 **귀신/신비로울 신** 神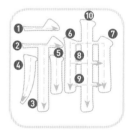

新 나무 베어 새롭게 만든 **새로울 신** 新

## 見學
### 견학

見 볼 견
學 배울 학

실지로 보고 그 일에 관한 구체적인
지식을 넓힘

## 老弱
### 노약

老 늙을 노(로)
弱 약할 약

늙은 사람과 약한 사람

방송국으로 **견학**을 갔다.

**노약**자에게 자리를 양보했다.

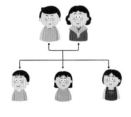

## 血肉
### 혈육

血 피 혈
肉 고기 육

1. 부모, 자식, 형제 한 혈통으로 맺어진 육친
2. 피와 살을 아울러 이르는 말

## 血色
### 혈색

血 피 혈
色 빛 색

살갗에 보이는 핏기, 얼굴색

이 세상에 **혈육**이라곤 동생 하나뿐이다.

외할머니는 아직까지 **혈색**이 좋다.

# 朝會
## 조회

| 朝 아침 조 |
| 會 모일 회 |

학교나 기관에서 일과를 시작하기 전에
모여서 나누는 아침 인사

# 神話
## 신화

| 神 귀신 신 |
| 話 말씀 화 |

예로부터 사람들 사이에서 말로 전해져 오는
신을 중심으로 한 이야기

| 朝 會 | |
|---|---|
| 조 회 | |

오늘 조회 때 교장 선생님의 훈화가 길어졌다.

| 神 話 | |
|---|---|
| 신 화 | |

단군 신화는 우리나라 최초의 건국 신화이다.

# 見物生心
## 견물생심

| 見 볼 견/物 물건 물 |
| 生 날 생/心 마음 심 |

물건을 보면 욕심이 생긴다는 뜻

# 作心三日
## 작심삼일

| 作 지을 작 |
| 心 마음 심/三 석 삼 |
| 日 날 일 |

마음먹은 지 삼일(三日)이 못 간다는 뜻으로
결심이 얼마 지나지 않아 흐지부지 된다는 말

| 見 物 生 心 |
|---|
| 견 물 생 심 |

견물생심이라고 새물건을 보면 사게 된다.

| 作 心 三 日 |
|---|
| 작 심 삼 일 |

굳은 결심이 작심삼일로 끝났다.

# 재미있는 부수 이야기

## 한자에서 "발"이란?

한자 쓰기 칸을 상하로 나눠 볼 수 있는데 글자의 아래쪽에 위치한 부수를 말해요.

나는 부수 로봇 "발"이야.

"발"의 위치는 바로 **아래**야.

발

儿 걷는 사람 인

元 으뜸 원

光 빛 광

| 총 2획 | ノ 儿 | | | | | |
|---|---|---|---|---|---|---|
| 儿 | | | | | | |
| 걷는 사람 인 | 걷는 사람 인 | 걷는 사람 인 | 걷는 사람 인 | 걷는 사람 인 | 걷는 사람 인 | |

## 儿 부수가 들어가요

걷는 사람 인 儿

元 으뜸 원

光 빛 광

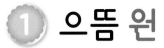

# ① 으뜸 원

元
훈 으뜸 음 원

사람 위에 선을 그어 모든 것의 으뜸이 되는 것을 나타낸 모습. 뜻은 **으뜸**이고, 원이라고 읽어요.

중국어
元 처음
yuán 위엔

총 4획   一 二 テ 元

| 으뜸 원 | 으뜸 원 | 으뜸 원 | 으뜸 원 | 으뜸 원 | 으뜸 원 |
|---|---|---|---|---|---|

부수 2획  儿 걷는 사람 인
元

이 갈비집은 이 동네에서 처음으로 생긴 **원** ☐☐ 조 갈비집이다.

# ② 빛 광

光
훈 빛 음 광

사람의 주위가 매우 밝게 빛나고 있는 모습. 뜻은 **빛**이고, 광이라고 읽어요.

중국어
光 빛
guāng 꽝

총 6획   丨 丬 丬 业 屵 光

| 빛 광 | 빛 광 | 빛 광 | 빛 광 | 빛 광 | 빛 광 |
|---|---|---|---|---|---|

부수 2획  儿 걷는 사람 인
光

그녀의 얼굴에서 **광** ☐☐ 채가 났다.

## 5단계

마을村에 '새옹'이라 불리는
노인이 살고 있었어요.
어느 날, 노인의 말이 고삐를 풀고 밭田을
지나 대나무竹숲으로 달아났어요.
하지만 노인은 별로 슬퍼하지 않았어요.
"이 일이 좋은 일이 될지 누가 알겠소."

얼마 후, 도망갔던 말이 또 다른 훌륭한
말 한 마리를 데리고 돌아 왔어요.
사람들은 행운運이 찾아왔다 했지만
이번에도 새옹은 태연했어요.

"좋은 일인지
아닌지 누가
알겠소."

며칠 후 노인의 아들이 낮晝에
새 말을 타다 떨어져 다쳤어요.
사람들은 노인을 위로했지만
노인은 또 담담하게 말했어요.

### 그림 속의 숨은 한자 찾기

| 命 | 死 | 村 | 急 | 晝 | 田 | 理 | 和 | 竹 | 運 |
|---|---|---|---|---|---|---|---|---|---|
| 목숨 명 | 죽을 사 | 마을 촌 | 급할 급 | 낮 주 | 밭 전 | 다스릴 리 | 화할 화 | 대 죽 | 옮길 운 |
| ☐ | ☐ | ☐ | ☐ | ☐ | ☐ | ☐ | ☐ | ☐ | ☐ |

"이 일이 좋을 일이 될지 앞날은 아무도 모르는 일이오."
평화和롭던 마을에 오랑캐가 쳐들어와서 나라가 혼란
스러웠어요.
마을의 힘세고 젊은 남자들은 급하게急 전쟁터에 나가
싸우다 크게 다치거나 생명命을 잃고 죽었어요死.
다친 다리 덕분에 노인의 아들만은 싸움에 나갈 수 없어
살아남았어요.

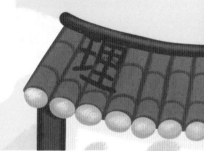

노인은 이처럼 눈앞에 벌어지는 결과만을
가지고 너무 연연하지 않았어요.
그 이유理는 좋은 일이 나쁜 일이 되기도
하고 나쁜 일이 좋은 일로 다시 찾아오기도
하기 때문이랍니다.

★새옹지마 塞翁之馬
세상일은 변화가 많아서 어느 것이 좋은 일인지 나쁜 일인지 미리 알 수 없다는 뜻이에요.
塞 변방 새 | 翁 늙은이 옹 | 之 갈 지 | 馬 말 마

 **목숨 명**

**훈** 목숨 **음** 명

지붕아래 무릎을 꿇고 앉아 명령을 내리는 모습.
뜻은 **목숨**이고, **명**이라고 읽어요.

중국어
命 생명
mìng 밍

총 8획 ノ 人 スス 亼 슫 슮 命 命

부수 3획 口 입구
命

| 命 | | | | | |
|---|---|---|---|---|---|
| 목숨 명 | 목숨 명 | 목숨 명 | 목숨 명 | 목숨 명 | 목숨 명 |

모든 생명 ☐ 은 소중합니다.

 **죽을 사**

死

**훈** 죽을 **음** 사

시신 앞에서 슬퍼하고 있는 사람을 그린 모습.
뜻은 **죽을**이고, **사**라고 읽어요.

중국어
死 죽다
sǐ 쓰

총 6획 一 厂 歹 歹 歼 死

부수 4획 歹 살바른뼈 알
死

| 死 | | | | | |
|---|---|---|---|---|---|
| 죽을 사 | 죽을 사 | 죽을 사 | 죽을 사 | 죽을 사 | 죽을 사 |

병원의 응급실은 그야말로 생사 ☐ 를 다투는 곳이다.

## 3 마을 촌

사람이 모여 사는 마을을 나타냄.
뜻은 마을이고, 촌이라고 읽어요.

중국어
村 마을
cūn 춘

훈 마을 음 촌

총 7획　一　十　才　木　木　村　村

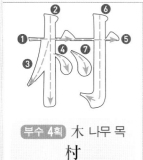

부수 4획　木 나무 목
村

| 마을 촌 | 마을 촌 | 마을 촌 | 마을 촌 | 마을 촌 | 마을 촌 |
|---|---|---|---|---|---|

비가 많이 와서 농촌 □ 의 피해가 심했다.

## 4 급할 급

남을 쫓아 따라가는 모양으로 조급한 마음을 나타
냄. 뜻은 급할이고, 급이라고 읽어요.

중국어
急 초조해하다
jí 지

훈 급할 음 급

총 9획　ノ　ク　ク　今　今　今　急　急　急

부수 4획　心 마음 심
急

| 급할 급 | 급할 급 | 급할 급 | 급할 급 | 급할 급 | 급할 급 |
|---|---|---|---|---|---|

부상자들은 구급 □ 차에 실려 병원으로 옮겨졌다.

## 5 낮 주

훈 낮 음 주

해가 떠있어 책을 읽을 수 있는 대낮을 표현한 모습.
뜻은 낮이고, 주라고 읽어요.

중국어
昼 낮
zhòu 쪼우

총 11획 　ᄀ　ᄀ　ᄏ　ᄏ　ᇀ　畫　畫　書　書　書　晝

부수 4획 日 날 일
晝

| 낮 주 | 낮 주 | 낮 주 | 낮 주 | 낮 주 | 낮 주 |

주 [ ] 간에는 학교에서 공부를 해요.

## 6 밭 전

훈 밭 음 전

가로와 세로로 구획이 진 땅을 본뜬 모양.
뜻은 밭이고, 전이라고 읽어요.

중국어
田 밭
tián 티엔

총 5획 　丨　冂　日　田　田

부수 5획 田 밭 전
田

| 밭 전 | 밭 전 | 밭 전 | 밭 전 | 밭 전 | 밭 전 |

도시를 떠나 시골에서 전 [ ] 원생활을 하며 보냈다.

# 7 다스릴 리

理

훈 다스릴 음 리

구슬을 갈고 다듬듯 마을과 나라를 잘 다스리는 것을 나타냄. 뜻은 **다스릴**이고, **리**라고 읽어요.

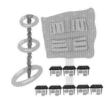

중국어

理 무늬
lǐ 리

총 11획 　一 二 干 王 玨 玴 珇 玾 珅 理 理

부수 4획 玉[玉] 구슬 옥
理

다스릴 리 ┃ 다스릴 리 ┃ 다스릴 리 ┃ 다스릴 리 ┃ 다스릴 리 ┃ 다스릴 리

머리가 길어 이 ☐☐ 발을 해야해요.

# 8 화할 화

和

훈 화할 음 화

연주하는 피리 소리가 조화로운 것을 나타냄. 뜻은 **화할**이고, **화**라고 읽어요.

중국어

和 평화롭다
hé 허

총 8획 　一 二 千 千 禾 禾 和 和

부수 3획 口 입 구
和

화할 화 ┃ 화할 화 ┃ 화할 화 ┃ 화할 화 ┃ 화할 화 ┃ 화할 화

친구와 싸운 뒤에는 화 ☐☐ 해 해야 해요.

 **9 대 죽**

竹

훈 대 음 죽

대나무 잎이 아래로 드리워진 모양.
뜻은 대이고, 죽이라고 읽어요.

竹 대나무
zhú 쥬

총 6획 ノ ノ ナ 大 大 竹

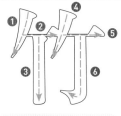

부수 6획 竹 대 죽
竹

| 竹 | | | | | |
|---|---|---|---|---|---|
| 대 죽 | 대 죽 | 대 죽 | 대 죽 | 대 죽 | 대 죽 |

검도를 배울 때 죽 [　] 도로 훈련해요.

---

**10 옮길 운**

運

훈 옮길 음 운

군대가 짐을 꾸려 수레차로 이동 하는 모습을
나타냄. 뜻은 옮길이고, 운이라고 읽어요.

运 옮기다
yùn 윈

총 13획 ノ ク ク ワ 戸 日 月 月 軍 軍 運 運 運

부수 4획 辶 쉬엄쉬엄갈 착
運

| 運 | | | | | |
|---|---|---|---|---|---|
| 옮길 운 | 옮길 운 | 옮길 운 | 옮길 운 | 옮길 운 | 옮길 운 |

매일 운 [　] 동을 하면 건강에 좋아요.

1 앞에서 배운 한자를 써 보세요.

| 命 목숨 명 | | | | | | |
| 死 죽을 사 | | | | | | |
| 村 마을 촌 | | | | | | |
| 急 급할 급 | | | | | | |
| 晝 낮 주 | | | | | | |
| 田 밭 전 | | | | | | |
| 理 다스릴 리 | | | | | | |
| 和 화할 화 | | | | | | |
| 竹 대 죽 | | | | | | |
| 運 옮길 운 | | | | | | |

1 다음 그림에 알맞는 한자스티커를 붙여 보세요.

2 훈(뜻)음(소리)을 보고 빈칸에 알맞은 한자를 써 보세요.

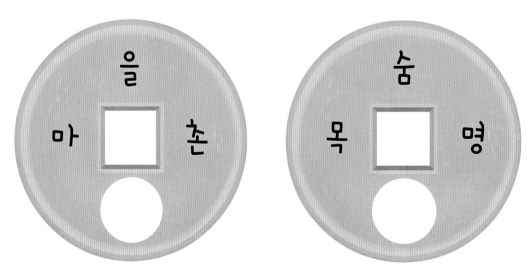

# 재미있는 한자익히기

1. 훈(뜻)과 알맞은 한자를 연결해 보세요.

| | | | |
|---|---|---|---|
| 마을 | 畫 | 밭 | 田 |
| 죽을 | 村 | 대 | 理 |
| 낮 | 命 | 다스릴 | 竹 |
| 목숨 | 死 | 옮길 | 和 |
| 급할 | 急 | 화할 | 運 |

2. 한자에 알맞은 음(소리)를 찾아 ○표시를 하세요.

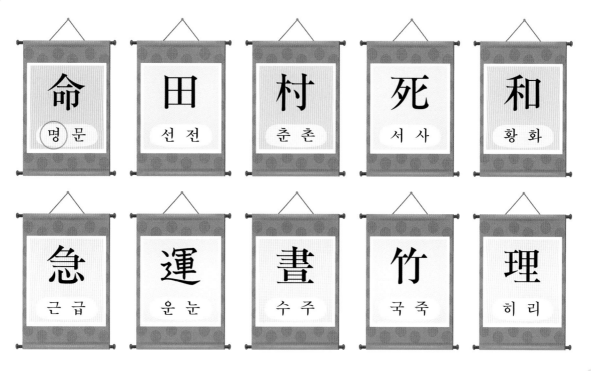

命 명 문
田 선 전
村 춘 촌
死 서 사
和 황 화

急 근 급
運 운 눈
畫 수 주
竹 국 죽
理 히 리

목숨 걸고 명령 따르는 **목숨** 명 命

슬퍼하며 장례 치르는 **죽을** 사 死

사람이 모여 사는 **마을** 촌 村

쫓아가는 조급한 마음 **급할** 급 急

해가 하늘에 떠있는 대낮 **낮** 주 晝

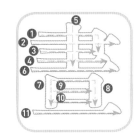

 들판에 논과 밭 **밭 전** 田

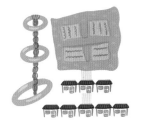 마을과 나라를 다스려 **다스릴 리** 理

 연주 소리가 조화로워 **화할 화** 和

 대나무 잎이 아래로 내려온 **대 죽** 竹

 수레차로 이동하는 **옮길 운** 運

## 時急
### 시급

時 때 시
急 급할 급

몹시 절박하고 급함

## 命中
### 명중

命 목숨 명
中 가운데 중

겨냥한 곳이 바로 맞음

이 도로의 정비가 시급하다.

총알이 목표물에 정확하게 명중되었다.

## 書信
### 서신

書 글 서
信 믿을 신

편지

## 運命
### 운명

運 옮길 운
命 목숨 명

이미 정하여져 있는 강한힘

우리는 서신을 주고 받았다.

운명은 노력하면 바뀔 수 있다.

# 原理
## 원리

原 언덕 원
理 다스릴 리(이)

사물의 근본이 되는 이치

| 原 理 | |
|---|---|
| 원 리 | |

로켓은 대체 어떤 원리로 발사되는 것일까요?

# 竹刀
## 죽도

竹 대 죽
刀 칼 도

대나무로 만든 칼
검도에 쓰는 기구

| 竹 刀 | |
|---|---|
| 죽 도 | |

죽도를 들고 검도 연습을 했다.

# 九死一生
## 구사일생

九 아홉 구
死 죽을 사/一 한 일
生 날 생

「아홉 번 죽을 뻔하다 한 번 살아난다.」
는 뜻으로, 여러 번 죽을 고비를 겪고
간신히 목숨을 건짐

| 九 死 一 生 | | | |
|---|---|---|---|
| 구 사 일 생 | | | |

자동차 안전띠 덕에 구사일생으로 목숨을 건졌다.

# 不死永生
## 불사영생

不 아닐 불
死 죽을 사/永 길 영
生 날 생

죽지 않고 영원토록 삶

| 不 死 永 生 | | | |
|---|---|---|---|
| 불 사 영 생 | | | |

사람들은 불사영생을 꿈꾸곤 한다.

## 한자에서 "엄(엄호)"란?

글자의 위와 왼쪽을 싸고 있는 부수를 말해요.

나는 부수 로보트 "엄(엄호)"야.

"엄(엄호)"의 위치는 바로 **왼쪽+위**이야.

厂
언덕 엄
굴바위 엄

原
언덕 원

歷
지날 력(역)

| 총 2획 | 一 厂 | | | | | |
|---|---|---|---|---|---|---|
| | | | | | | |
| 언덕/굴바위 엄 | 언덕/굴바위 엄 | 언덕/굴바위 엄 | 언덕/굴바위 엄 | 언덕/굴바위 엄 | 언덕/굴바위 엄 | |

## 厂 부수가 들어가요

언덕 엄
厂

原
언덕 원

歷 지날 력(역)
歷史

# ① 언덕/근원 원

언덕 아래 물이 나오기 시작된 곳을 나타낸 모습.
뜻은 **언덕**이고, **원**이라고 읽어요.

중국어
原 최초의
yuán 위엔

훈 언덕/근원 음 원

총 10획 一 厂 厂 厂 厂 厃 厡 原 原 原

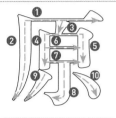

| 언덕 원 | 언덕 원 | 언덕 원 | 언덕 원 | 언덕 원 | 언덕 원 |
|---|---|---|---|---|---|

부수 2획 厂 언덕 엄
原

과자와 음료수를 많이 먹으면 비만의 **원**○○인이 된다.

# ② 지날 력(역)

벼가 심겨진 논의 산비탈로 사람이 지나가 '지나다'
를 나타냄. 뜻은 **지날**이고, **력**(음)이라고 읽어요.

중국어
历 역법
lì 리

훈 지날 음 력(역)

총 16획 一 厂 厂 厂 厈 厈 厤 厤 厤 厤 厤 厤 厤 厤 歷 歷 歷

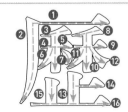

| 지날 력(역) | 지날 력(역) | 지날 력(역) | 지날 력(역) | 지날 력(역) | 지날 력(역) |
|---|---|---|---|---|---|

부수 2획 厂 언덕 엄
历

위인전에는 **역**○○사에 빛나는 많은 인물들의 이야기가 실려 있다.

옛날 젊은 장사꾼이 창과 방패를 팔았어요.
"이 방패는 어디에도 없는無 단단한 방패요.
아무리 강한强 창으로 찔러도 뚫을 수 없지요."
사람들이 돈과 은銀 등을 주고 방패를 사기
시작했어요.

"여러분, 세상에
어떤 방패도 단번에
뚫어버리는 특별한
창입니다."

"나도 하나
사겠소."

장사꾼은 또又 다른 손에 있던 창을
치켜들고는 한 걸음步 앞으로 더
나와 신나게 말했어요.

### 그림 속의 숨은 한자 찾기

| 明 | 無 | 又 | 線 | 意 | 直 | 銀 | 步 | 强 | 用 |
|---|---|---|---|---|---|---|---|---|---|
| 밝을 명 | 없을 무 | 또 우 | 줄 선 | 뜻 의 | 곧을 직 | 은 은 | 걸음 보 | 강할 강 | 쓸 용 |
| ☐ | ☐ | ☐ | ☐ | ☐ | ☐ | ☐ | ☐ | ☐ | ☐ |

이때 어떤 노인이 젊은이에게 말을 했어요.

"그자네 말에 의意미에는 모순이 있네.
그 어떤 창이라도 뚫지 못한다는 방패에 그
어떤 방패도 뚫을 수 있다는 창을 사용用해
한 번 찔러 보겠는가? 그리고 결과를 솔직
直하게 설명明해 주게."

젊은 장사꾼은 사람들의 따가운 시선線을
받으며 짐을 챙겨 뒤도 돌아보지 않고
도망을 쳤답니다.

★**모순 矛盾**
창과 방패라는 뜻으로 말과 행동이 일치하지 않고 앞뒤가 맞지 않다는 말이에요.
矛 창 모 | 盾 방패 순

# 1 밝을 명

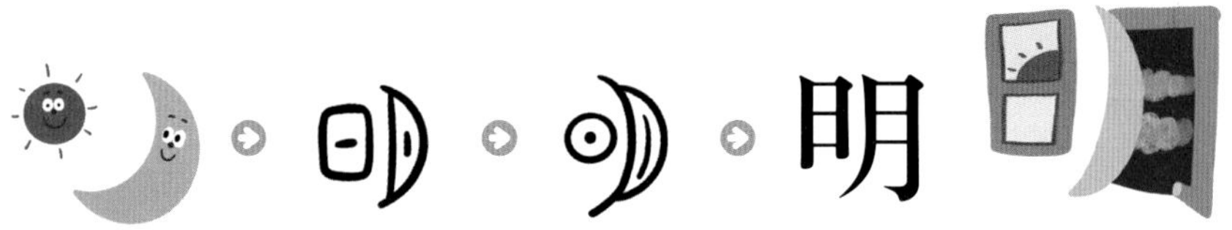

## 明

훈 밝을 음 명

해와 달이 밝게 비춰주는 모양을 나타낸 글자.
뜻은 밝을이고, 명이라고 읽어요.

중국어
明 밝다
míng 밍

총 8획 丨 冂 月 日 旫 明 明 明

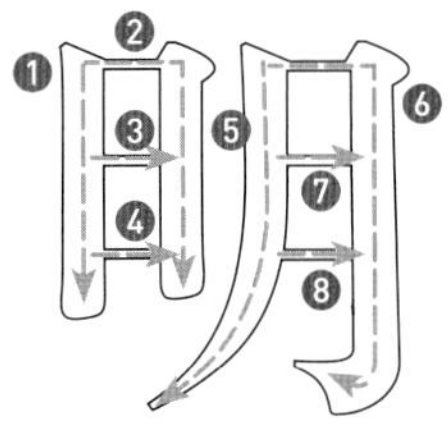

부수 4획 日 날 일
明

明

밝을 명 | 밝을 명 | 밝을 명 | 밝을 명 | 밝을 명 | 밝을 명

지금까지 없던 신기한 발명 ☐ 을 하고 싶어요.

# 2 없을 무

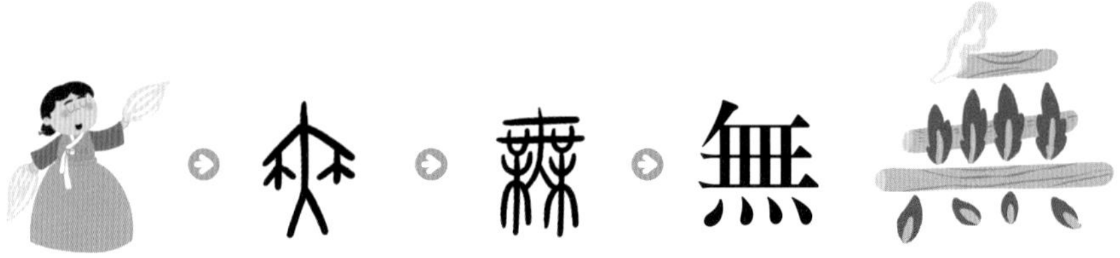

## 無

훈 없을 음 무

지금과 달리 본래의 의미는 양팔에 깃털을 들고
춤추는 사람 모습. 뜻은 없을이고, 무라고 읽어요.

중국어
无 없다
wú 우

총 12획 ノ 𠂉 𠂉 𠂉 𠂉 無 無 無 無 無 無 無

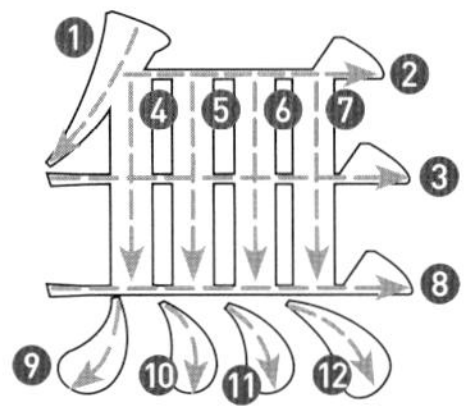

부수 4획 火 불 화
無

無

없을 무 | 없을 무 | 없을 무 | 없을 무 | 없을 무 | 없을 무

일요일은 입장료가 없어 관람이 무 ☐ 료입니다.

 **3 또 우**

자주 쓰인다는 의미로 오른손을 본뜬 글자 모양.
뜻은 또이고, 우라고 읽어요.

又 거듭
yòu 요우

又

훈 또 음 우

총 2획 フ 又

부수 2획 又 또 우
又

| 또 우 | 또 우 | 또 우 | 또 우 | 또 우 | 또 우 |

'日新又日新'일신 ☐ 일신의 뜻은 날로 새롭고 또, 날로 새로워진다는 뜻이다.

---

**4 줄 선**

샘물에서 솟은 물이 실처럼 긴 물줄기로 흘러내리
는 모습을 나타냄. 뜻은 줄이고, 선이라고 읽어요.

线 실
xiàn 씨엔

線

훈 줄 음 선

총 15획 ` ` ` ` ` ` 糸 糸 糸 糸 糸 糸 糸 線 線 線

부수 6획 糸 실 사
線

| 줄 선 | 줄 선 | 줄 선 | 줄 선 | 줄 선 | 줄 선 |

오늘 미술시간에 여러가지 모양의 선 ☐ 긋는 연습부터 했어요.

## 5 뜻 의

意

마음에서 나오는 소리를 나타낸 글자 모습.
뜻은 뜻이고, 의라고 읽어요.

중국어
意 생각
yì 이

훈 뜻 음 의

총 13획 `  ﹀  ﹀  ㅗ  立  产  音  音  音  音  意  意  意

意

뜻 의 | 뜻 의 | 뜻 의 | 뜻 의 | 뜻 의 | 뜻 의

부수 4획 心 마음 심
意

자기의 의 ☐ 사 표시를 확실히 하는 것이 좋아요.

## 6 곧을 직

直

곧은 일을 할 수 밖에 없도록 사람의 눈이 지켜보
는 모습. 뜻은 곧을이고, 직이라고 읽어요.

중국어
直 곧다
zhí 즈

훈 곧을 음 직

총 8획 一  十  ナ  十  古  古  向  直  直

直

곧을 직 | 곧을 직 | 곧을 직 | 곧을 직 | 곧을 직 | 곧을 직

부수 5획 目 눈 목
直

사거리에서 직 ☐ 진해서 곧바로 가면 우리학교가 나온다.

 **7** 은 은

銀

훈 은 음 은

 → 銀 → 銀

희고 깨끗한 금보다 낮은 가격에 거래되는 금속을 나타냄. 뜻은 은이고, 은이라고 읽어요.

중국어
銀 은
yín 인

총 14획 丿 𠂉 𠂊 𠂉 𠂉 𠂎 𠂏 金 釒 釕 釗 釗 釖 銀

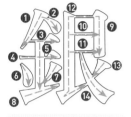

부수 8획 金 쇠 금
銀

은 은　은 은　은 은　은 은　은 은　은 은

지인이는 동생과 손잡고 은 [　] 행에 용돈을 저축하러 갔다.

 **8** 걸음 보

步

훈 걸음 음 보

 → 𣥂 → 步 → 步

한 걸음 한걸음 걷는 발을 그린 모습.
뜻은 걸음이고, 보라고 읽어요.

중국어
步 걸음
bù 뿌

총 7획 丨 ⺊ 止 止 𣥂 𣥁 步

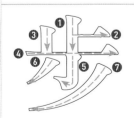

부수 4획 止 그칠 지
步

걸음 보　걸음 보　걸음 보　걸음 보　걸음 보　걸음 보

집 앞 도로 공사로 보 [　] 행에 불편함이 생겼다.

## 9 강할 강

훈 강할 음 강

본래는 단단한 쌀벌레나 세고 강한 활을 나타냄.
뜻은 강할이고, 강이라고 읽어요.

중국어
強 힘이 세다
qiáng 치앙

총 12획  ㄱ ㄱ 弓 弘 弘 弘 弘 弘 弹 弹 強 強

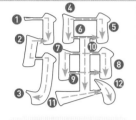

부수 3획 弓 활 궁
強

| 강할 강 | 강할 강 | 강할 강 | 강할 강 | 강할 강 | 강할 강 |
|--------|--------|--------|--------|--------|--------|

강 [ ] 풍으로 배가 뒤뚱뒤뚱 흔들린다.

## 10 쓸 용

훈 쓸 음 용

나무로 만든 통을 그린 모양.
뜻은 쓸이고, 용이라고 읽어요.

중국어
用 쓰다
yòng 용

총 5획  丿 冂 月 月 用

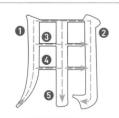

부수 5획 用 쓸 용
用

| 쓸 용 | 쓸 용 | 쓸 용 | 쓸 용 | 쓸 용 | 쓸 용 |
|-------|-------|-------|-------|-------|-------|

재활용 [ ] 할 수 있는 물건을 잘 골라 이웃과 나눔을 하였다.

1 앞에서 배운 한자를 써 보세요.

| 明 밝을 명 | 明 | 明 | | | | |
| 無 없을 무 | 無 | 無 | | | | |
| 又 또 우 | 又 | 又 | | | | |
| 線 줄 선 | 線 | 線 | | | | |
| 意 뜻 의 | 意 | 意 | | | | |
| 直 곧을 직 | 直 | 直 | | | | |
| 銀 은 은 | 銀 | 銀 | | | | |
| 步 걸음 보 | 步 | 步 | | | | |
| 强 강할 강 | 强 | 强 | | | | |
| 用 쓸 용 | 用 | 用 | | | | |

## 신나는 한자놀이

1. 다음 그림에 알맞는 한자스티커를 붙여 보세요.

신비과자

밝을 명　곧을 직　은 은　걸음 보
강할 강　줄 선　없을 무
쓸 용　또 우　뜻 의

신비 과자

2. 다음 훈음(뜻 소리)에 맞는 한자를 빈칸에 써 보세요.

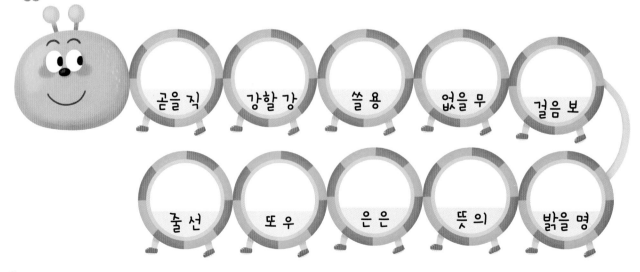

곧을 직　강할 강　쓸 용　없을 무　걸음 보

줄 선　또 우　은 은　뜻 의　밝을 명

# 재미있는 한자익히기

① 훈(뜻)과 알맞은 한자를 연결해 보세요.

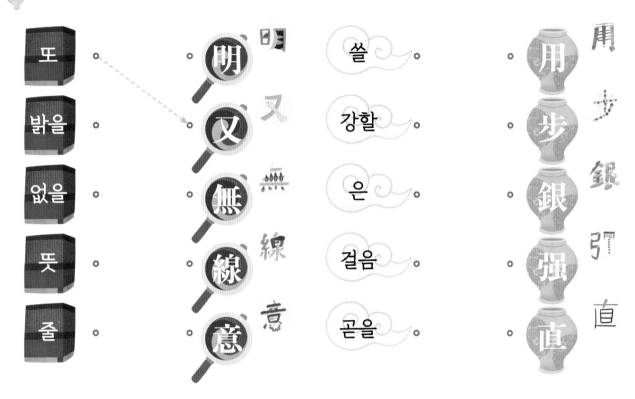

| | |
|---|---|
| 또 | 明 |
| 밝을 | 又 |
| 없을 | 無 |
| 뜻 | 線 |
| 줄 | 意 |

| | |
|---|---|
| 쓸 | 用 |
| 강할 | 步 |
| 은 | 銀 |
| 걸음 | 强 |
| 곧을 | 直 |

② 한자에 알맞은 음(소리)를 찾아 ○표시를 하세요.

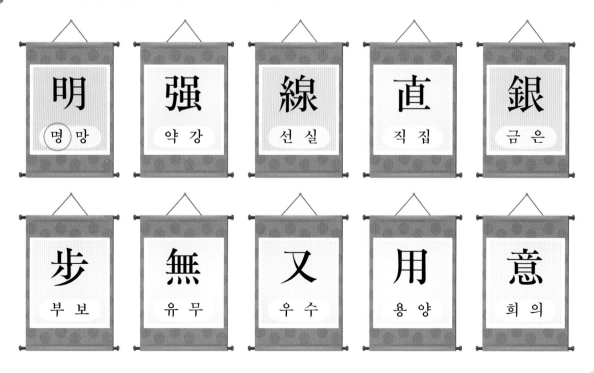

| 明 | 强 | 線 | 直 | 銀 |
|---|---|---|---|---|
| 명 망 | 약 강 | 선 실 | 직 집 | 금 은 |

| 步 | 無 | 又 | 用 | 意 |
|---|---|---|---|---|
| 부 보 | 유 무 | 우 수 | 용 양 | 희 의 |

 해와 달이 밝게 비춰 **밝을** 명 明

 아무것도 없다 없어 **없을** 무 無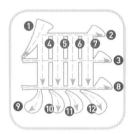

 쓰고 쓰고 자주 써서 **또** 우 又

 물이 줄줄 선을 이어 **줄** 선 線

 마음에서 나오는 소리 **뜻** 의 意

 곧은 일을 지켜봐서 **곧을 직** 直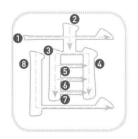

 번쩍 번쩍 하얀 금속 **은 은** 銀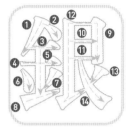

 한 발 한 발 걷는 발 **걸음 보** 步

 단단하고 강한 활 **강할 강** 强

 쓰기 좋은 나무통 모양 **쓸 용** 用

## 强國
### 강국

强 강할 **강**
國 나라 **국**

강한 나라

## 明白
### 명백

明 밝을 **명**
白 흰 **백**

의심할 바 없이 아주 뚜렷하다.

强國
강    국

한국은 양궁 강국이다.

明白
명    백

경찰이 범인의 명백한 증거를 찾았다.

## 車線
### 차선

車 수레 **차**
線 줄 **선**

자동차 도로에 일정한 간격으로 그어 놓은 선

## 銀行
### 은행

銀 은 **은**
行 다닐 **행**

사람들의 현금을 맡아 관리, 운영하는 기관

車線
차    선

운전을 할 때 차선을 지키며 안전하게 해요.

銀行
은    행

용돈을 모으며 은행에 저축을 합니다.

## 直線
### 직선

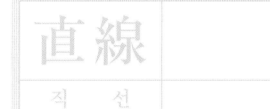

| 直 곧을 직 |
|---|
| 線 줄 선 |

꺾이거나 굽은 데가 없는 곧은 선

直線
직 선

아이는 자가 없이도 직선을 잘 그린다.

## 步行
### 보행

| 步 걸음 보 |
|---|
| 行 다닐 행 |

사람이 두 다리로 걸어다님

步行
보 행

불법 주차 차량은 사람들의 보행을 방해한다.

## 信用
### 신용

| 信 믿을 신 |
|---|
| 用 쓸 용 |

사람이나 사물이 틀림없다고 믿어
의심하지 아니함

信用
신 용

약속을 잘 지켜 신용이 쌓였다.

## 有口無言
### 유구무언

| 有 있을 유/口 입 구 |
|---|
| 無 없을 무 |
| 言 말씀 언 |

입이 있어도 말은 없다는 뜻으로, 변명할
말이 없거나 변명을 못함을 이르는 말

有口無言
유 구 무 언

모두 내 잘못이어서 유구무언이었다.

# 재미있는 부수 이야기

## 한자에서 '받침'이란?

글자의 왼쪽과 밑을 싸고 있는 부수를 말해요.

나는 부수 로보트 "받침"이야.

"받침"의 위치는 바로 **아래**야. 받침

辶 쉬엄쉬엄 갈 착

近 가까울 근

遠 멀 원

| 총 4획 | 丶 | 亠 | 辶 | 辶 | | |
|--------|---|---|---|---|---|---|
| 辶 | | | | | | |
| 쉬엄쉬엄 갈 착 | 쉬엄쉬엄 갈 착 | 쉬엄쉬엄 갈 착 | 쉬엄쉬엄 갈 착 | 쉬엄쉬엄 갈 착 | 쉬엄쉬엄 갈 착 | |

## 辶 부수가 들어가요

멀 원 遠

辶 쉬엄쉬엄 갈 착

○○ 편의점

○○ 편의점

○○ 마을

가까울 근 近

# ① 가까울 근

 ▸ 𢌞 ▸ 𣂭 ▸ 近 近

**훈** 가까울 **음** 근

가까운 거리에 도끼를 가지러 가는 것을 나타냄.
뜻은 **가까울**이고, 근이라고 읽어요.

**총 8획** `´ 厂 厂 斤 斤 沂 沂 近`

**부수 3획** ⻌ 쉬엄쉬엄 갈 착
近

| 가까울 근 | 가까울 근 | 가까울 근 | 가까울 근 | 가까울 근 | 가까울 근 |
|---|---|---|---|---|---|

우리집 근 [ ] 처에 강아지 산책할 수 있는 공원이 있어요.

# ② 멀 원

 ▸ 𢌞 ▸ 𧺡 ▸ 遠 遠

**훈** 멀 **음** 원

옷깃이 늘어져 있듯이 먼 길을 나타냄.
뜻은 **멀**이고, 원이라고 읽어요.

**총 14획** `一 十 土 击 吉 告 声 寺 哀 袁 袁 袁 遠 遠 遠`

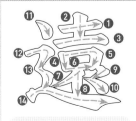

**부수 4획** ⻌ 쉬엄쉬엄 갈 착
遠

| 멀 원 | 멀 원 | 멀 원 | 멀 원 | 멀 원 | 멀 원 |
|---|---|---|---|---|---|

생명을 구해준 은혜는 영원 [ ] 히 잊을 수 없다.

어릴 적 아버지는 돌아가시고 어머니 홀로 맹자를 키웠어요. 공共동묘지 근처에 살다 보니 맹자는 무덤을 만들며 놀았어요. 어머니는 그런 아들을 보고 이사를 결심하고 시장 근처로 이사를 갔어요.

어느날 어머니는 맹자가 친구들과 조개貝로 가짜 돈을 만들고 쌀米과 고기肉를 파는 흉내를 내며 노는 것을 보았어요.

"싱싱한 물건을 반半도 안 되는 가격에 사 가시오."

### 그림 속의 숨은 한자 찾기

| 共 | 貝 | 米 | 肉 | 半 | 讀 | 書 | 詩 | 禮 | 科 |
|---|---|---|---|---|---|---|---|---|---|
| 함께 공 | 조개 패 | 쌀 미 | 고기 육 | 절반 반 | 읽을 독 | 글 서 | 글 시 | 예도 례 | 과목 과 |
| ☐ | ☐ | ☐ | ☐ | ☐ | ☐ | ☐ | ☐ | ☐ | ☐ |

며칠 후 어머니는 아들의 교육환경을 위해 또 다시 서당 근처로 이사를 했어요.

맹자는 서당에서 흘러나오는 소리를 듣게 되었어요. 책을 읽고讀, 글書과 시詩를 쓰고, 예禮의 바르게 인사하는 것을 따라하며 담벼락 너머로 여러 교육과科목을 배우게 되었어요.

맹자는 학문에 매진하여 훗날, 중국의 유명한 대학자가 되었답니다.

"하늘천 따지(땅지)~ 검을현 누를황~"

★맹모삼천 孟母三遷

맹자의 어머니가 세 번이나 이사했다는 뜻으로, 그만큼 교육환경이나 좋은 친구를 사귀는 것이 좋은 교육 환경이라는 말이에요.

孟 맏 맹 | 母 어미 모 | 三 석 삼 | 遷 옮길 천

**1** **함께/한가지 공**

共

훈 함께 한가지 음 공

두손으로 함께 그릇을 공손히 들고 가는 모습.
뜻은 함께/한가지이고, 공이라고 읽어요.

중국어
共 함께
gòng 꽁

총 6획   ー 十 卄 北 共 共

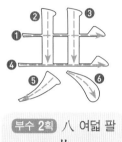

부수 2획 八 여덟 팔
共

| | | | | | |
|---|---|---|---|---|---|
| 함께 공 | 함께 공 | 함께 공 | 함께 공 | 함께 공 | 함께 공 |

놀이터는 공 ☐ 동으로 사용하는 장소이다.

---

**2** **조개 패**

貝

훈 조개 음 패

옛날에 돈으로 사용되었던 껍질이 벌어진 조개를
그린모양. 뜻은 조개이고, 패라고 읽어요.

중국어
貝 조개
bèi 뻬이

총 7획   丨 冂 冂 月 目 貝 貝

부수 7획 貝 조개 패
貝

| | | | | | |
|---|---|---|---|---|---|
| 조개 패 | 조개 패 | 조개 패 | 조개 패 | 조개 패 | 조개 패 |

이 반지와 목걸이는 엄마가 결혼할 때 받으신 패 ☐ 물이다.

 **3 쌀 미**

훈 쌀 음 미

벼를 수확하고 낱알을 햇볕에 말리는 모양.
뜻은 쌀이고, 미라고 읽어요.

중국어
米 쌀
mǐ 미

총 6획　丶 丷 丷 半 米 米

부수 6획　米 쌀 미
米

| 쌀 미 | 쌀 미 | 쌀 미 | 쌀 미 | 쌀 미 | 쌀 미 |
|---|---|---|---|---|---|

동생이 아파서 엄마가 쌀로 미[　] 음을 끓이셨다.

---

**4 고기 육**

훈 고기 음 육

고깃덩어리에 칼집을 낸 모양을 그린 고기 모양.
뜻은 고기이고, 육이라고 읽어요.

중국어
肉 고기
ròu 로우

총 6획　丨 冂 冂 内 肉 肉

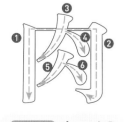

부수 6획　肉 고기 육
肉

| 고기 육 | 고기 육 | 고기 육 | 고기 육 | 고기 육 | 고기 육 |
|---|---|---|---|---|---|

육[　] 체가 건강해야 정신도 건강하다.

## 5 절반 반

半

훈 절반 음 반

정확하게 반으로 가르는 모습.
뜻은 절반이고, 반라고 읽어요.

중국어
半 절반
bàn 빤

총 5획 　丶　丷　疒　厶　半

부수 2획 十 열십
半

| 절반 반 | 절반 반 | 절반 반 | 절반 반 | 절반 반 | 절반 반 |

사랑이는 계란을 반 ☐ 숙으로 익힌 것을 좋아한다.

## 6 읽을 독

讀

훈 읽을 음 독

본래의 장사꾼이 소리내어 물건을 팔고 돈을 세며
중얼거리는 것이 후에 '읽다'의 뜻을 나타냄. 뜻은
읽을이고, 독이라고 읽어요.

중국어
读 낭독하다
dú 두

총 22획 　丶　亠　宀　言　言　言　言　誩　誩　誩　讀　讀　讀　讀　讀　讀　讀　讀　讀

부수 7획 言 말씀 언
讀

| 읽을 독 | 읽을 독 | 읽을 독 | 읽을 독 | 읽을 독 | 읽을 독 |

독 ☐ 서를 많이 하는 어린이는 글쓰기도 잘해요.

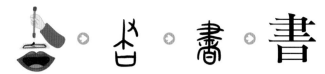

손에 붓을 쥐고 말을 글로 적는 모습.
뜻은 글이고, 서라고 읽어요.

중국어

书 쓰다
shū 슈

書

훈 글 음 서

총 10획　ㄱ　ㄱ　ㅋ　ㅋ　聿　聿　書　書　書　書

| 글 서 | 글 서 | 글 서 | 글 서 | 글 서 | 글 서 |

부수 4획　日 가로 왈
書

갖가지 책이 서　　　재에 빼곡했다.

自身이 느낀 감정을 말이나 글로 나타냄.
뜻은 글이고, 시라고 읽어요.

중국어

诗 시
shī 스

詩

훈 글 음 시

총 13획　丶　一　二　三　言　言　言　計　計　計　詩　詩

| 글 시 | 글 시 | 글 시 | 글 시 | 글 시 | 글 시 |

부수 7획　言 말씀 언
詩

시　　　한 편을 낭송했다.

## 9 예도 례(예)

**훈** 예도 **음** 례(예)

**중국어**
礼 의식
lǐ 리

추수가 끝나고 신에게 감사제사를 풍성하게 차려 놓고 예의를 다하는 모습. 뜻은 예도이고, 례(예)이라고 읽어요.

**총 18획** 一 亍 亍 亍 示 示 示 利 利 神 神 神 神 神 禮 禮 禮 禮 禮

| 예도 례 | 예도 례 | 예도 례 | 예도 례 | 예도 례 | 예도 례 |

**부수 5획** 示 보일 시
禮

부모와 자식 간에도 예 ☐ 의를 지켜야 한다.

## 10 과목 과

**훈** 과목 **음** 과

**중국어**
科 과목
kē 커

나누고 구분한다는 뜻으로 본래는 바가지로 쌀을 퍼내며 품질이나 품종을 분류하는 모습. 뜻은 과목이고, 과라고 읽어요.

**총 9획** 一 二 千 禾 禾 禾 禾 科 科

| 과목 과 | 과목 과 | 과목 과 | 과목 과 | 과목 과 | 과목 과 |

**부수 5획** 禾 벼 화
科

우리 형은 국어 과 ☐ 목을 정말 좋아한다.

① 앞에서 배운 한자를 써 보세요.

| 共 함께/한가지 공 | 共 | 共 | | | | |
| 貝 조개 패 | 貝 | 貝 | | | | |
| 米 쌀 미 | 米 | 米 | | | | |
| 肉 고기 육 | 肉 | 肉 | | | | |
| 牛 절반 반 | 牛 | 牛 | | | | |
| 讀 읽을 독 | 讀 | 讀 | | | | |
| 書 글 서 | 書 | 書 | | | | |
| 詩 글 시 | 詩 | 詩 | | | | |
| 禮 예도 례(예) | 禮 | 禮 | | | | |
| 科 과목 과 | 科 | 科 | | | | |

① 다음 훈음(뜻 소리)에 맞는 한자스티커를 붙여 보세요.

② 지워진 한자의 획과 점을 바르게 써서 한자를 완성해 보세요.

# 재미있는 한자익히기

**1** 훈(뜻)과 알맞은 한자를 연결해 보세요.

쌀

함께

절반

조개

글

共

米

貝

書

半

읽을

과목

예도

글(시)

고기

肉

讀

科

禮

詩

**2** 한자에 알맞은 음(소리)를 찾아 ○표시를 하세요.

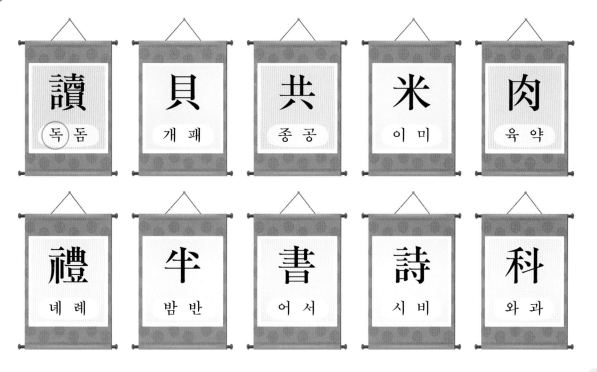

讀 ⓓ 독 돔

貝 개 패

共 종 공

米 이 미

肉 육 약

禮 네 례

半 밤 반

書 어 서

詩 시 비

科 와 과

 그릇을 함께 들어 **함께/한가지** 공 共

 껍질이 벌어진 조개 **조개** 패 貝

 벼를 수확하고 말려 **쌀** 미 米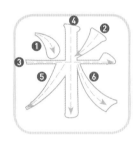

 칼집을 낸 고기 모양 **고기** 육 肉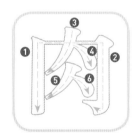

 정확하게 반으로 잘라 **절반** 반 半

 중얼 중얼 소리내어 **읽을 독** 讀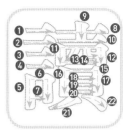

 말을 글로 써서 **글 서** 書

 감정을 글로 써서 **글 시** 詩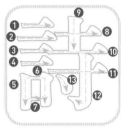

 예의를 다하여 **예도 례(예)** 禮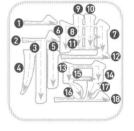

 구분하고 나누어서 **과목 과** 科

### 共同
공동

共 함께 공
同 한가지 동

여러 사람이 일을 같이 함

| 共 | 同 | |
|---|---|---|
| 공 | 동 | |

교실 물건은 공동으로 사용한다.

### 科目
과목

科 과목 과
目 눈 목

가르치거나 배워야 할 지식 및 분야를
갈라놓은 것

| 科 | 目 | |
|---|---|---|
| 과 | 목 | |

국어 과목은 읽기와 쓰기 단원으로 나눠져 있다.

### 禮物
예물

禮 예도 예
物 물건 물

고마움을 나타내거나 예의를 갖추기 위하여
보내는 돈이나 물건

| 禮 | 物 | |
|---|---|---|
| 예 | 물 | |

결혼 예물로 반지를 주고 받았다.

### 無禮
무례

無 없을 무
禮 예도 례

예의가 없음

| 無 | 禮 | |
|---|---|---|
| 무 | 례 | |

친한 친구 사이라고 무례하게 대해서는 안 된다.

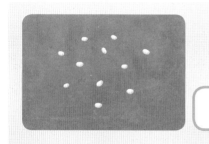

## 白米
### 백미

| 白 흰 백 |
|---|
| 米 쌀 미 |

흰쌀

## 詩人
### 시인

| 詩 글 시 |
|---|
| 人 사람 인 |

시를 전문적으로 짓는 사람

| 白 米 | |
|---|---|
| 백 | 미 | |

현미는 백미보다 더 좋은 건강식품이다.

| 詩 人 | |
|---|---|
| 시 | 인 | |

누나는 시를 쓰면서 시인을 꿈꾸었다.

## 貝物
### 패물

| 貝 조개 패 |
|---|
| 物 물건 물 |

귀금속 따위로 만든 팔찌, 귀고리,
목걸이 등의 값진 물건

## 半白
### 반백

| 半 반 반 |
|---|
| 白 흰 백 |

흰색과 검은색이 반반 정도인 머리털

| 貝 物 | |
|---|---|
| 패 | 물 | |

엄마는 패물을 서랍에 잘 보관 하셨다.

| 半 白 | |
|---|---|
| 반 | 백 | |

나이가 오십이 되니 머리가 반백이 되어 버렸다.

# 재미있는 부수 이야기

## 한자에서 "몸(에운담)"란?

글자를 에워싸고 있는 부수를 말해요.

나는 부수 로보트
"몸(에운담)"이야.

"몸(에운담)"의 위치는
바로 에워싼 모양이야.

몸

圖 그림 도

區 구분할 구

開 열 개

| 총 14획 | 丨 | 冂 | 冂 | 冃 | 冃 | 冃 | 冃 | 冃 | 冃 | 冃 | 冃 | 圖 | 圖 |
|---|---|---|---|---|---|---|---|---|---|---|---|---|---|
| | | | | | | | | | | | | | |
| | 그림 도 | | 그림 도 | | 그림 도 | | 그림 도 | | 그림 도 | | 그림 도 | | |

## '몸' 부수를 살펴봐요

圖 그림 도

구분할 구
區

열 개
開

## 1 구분할 구

區

훈 구분할 음 구

물건을 구분지어 갈라 놓은 모습.
뜻은 구분할이고, 구라고 읽어요.

중국어
区 구별
qū 취

총 11획 一 丅 下 戸 戸 戸 戸 戸 戸 品 區

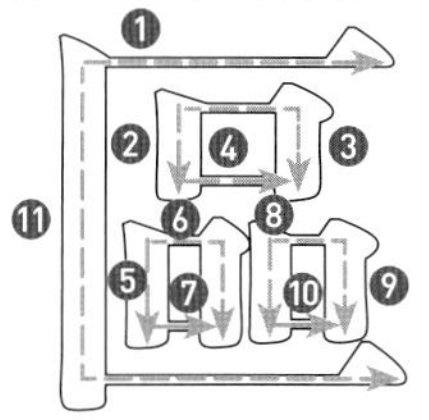

부수 2획 匚 감출혜 몸
區

| 구분할 구 | 구분할 구 | 구분할 구 | 구분할 구 | 구분할 구 | 구분할 구 |
|---|---|---|---|---|---|

쌍둥이가 너무 닮아서 구 [ ] 별하기가 어렵다.

## 2 열 개

開

훈 열 음 개

문안에 잠금을 두 손으로 풀고 있는 것을 나타냄.
뜻은 열이고, 개라고 읽어요.

중국어
开 열다
kāi 카이

총 12획 丨 ﾌ ﾌ ﾌ ﾌ 門 門 門 閂 閂 開 開

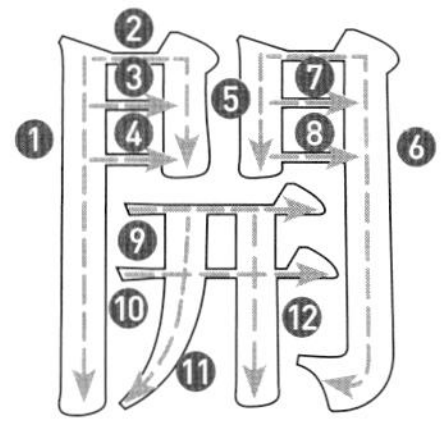

부수 8획 門 문 문
開

| 열 개 | 열 개 | 열 개 | 열 개 | 열 개 | 열 개 |
|---|---|---|---|---|---|

내일 새로 나온 완구를 판매 개 [ ] 시 한다.

# 8단계

조선시대에 소문聞난 장군 이순신이 있었어요.
외적들이 쳐들어 올 때마다 매번番 조선의 바다를
잘 지켜 냈어요. 한 번은 13척의 배로 외적 300척의
배를 물리쳤는데, 이길 수 있는 곳으로 적들을
유인해 조선의 바다를 통通과 하지 못하게 했어요.
이순신장군과 싸울 때마다 외군들은 백기旗를
들고 도망갔어요.
왜냐하면 이순신장군은 밤夜 낮으로 연구해 만든
거북선과 최고의 전략과 지혜가 있었습니다.

"철갑거북선이다!
도망가라!"

## 그림 속의 숨은 한자 찾기

| 身 | 旗 | 英 | 聞 | 夜 | 通 | 番 | 頭 | 等 | 班 |
|---|---|---|---|---|---|---|---|---|---|
| 몸 신 | 기(깃발) 기 | 꽃부리 영 | 들을 문 | 밤 야 | 통할 통 | 차례 번 | 머리 두 | 무리 등 | 나눌 반 |
| ☐ | ☐ | ☐ | ☐ | ☐ | ☐ | ☐ | ☐ | ☐ | ☐ |

이순신 장군은 어린 시절부터 병정놀이를 좋아
해서 친구들을 나눠班 공격과 수비 놀이를 하며
전략을 짜는 것에 두頭각을 나타냈습니다.
하지만 몇 년 동안 준비해온 시험 도중 말 타기
에서 떨어져 다리를 다쳐 시험에 불합격하기도
했지만, 포기하지 않고 끝까지 노력하고 도전
하여 몇 년 뒤 결국 과거시험에 합격하였습니다.

그 후 자신의 몸身보다 나라를 더 걱정하던
이순신장군은 외적으로부터 나라를 지켜낸
일등等공신이기도 합니다.
그래서 이순신장군은 지금까지도 영英웅
처럼 우리들 가슴에 남아있습니다.

# 1 몸 신

훈 몸 음 신

뱃속에 아기를 가진 엄마의 모습을 보고 만든 모양.
뜻은 몸이고, 신이라고 읽어요.

중국어

身 몸
shēn 션

총 7획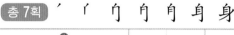

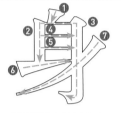

부수 7획  身 몸 신
身

| 몸 신 | 몸 신 | 몸 신 | 몸 신 | 몸 신 | 몸 신 |
|---|---|---|---|---|---|

신 ⬜ 체가 건강해야 마음도 건강해요.

# 2 깃발 기

훈 깃발 음 기

깃발의 뜻 외에 사물과 분간 할 수 있는 표시를
나타냄. 뜻은 깃발이고, 기라고 읽어요.

중국어

旗 기
qí 치

총 14획

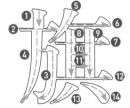

부수 4획  方 모 방
旗

| 깃발 기 | 깃발 기 | 깃발 기 | 깃발 기 | 깃발 기 | 깃발 기 |
|---|---|---|---|---|---|

태극기 ⬜ 가 바람에 휘날려요.

## 3 꽃부리, 뛰어날 영

중국어
英 꽃
yīng 잉

**英**

훈 꽃부리 뛰어날  음 영

본래 '꽃부리'를 뜻하였으나 지금은 '명예', '뛰어남'을 나타냄. 뜻은 꽃부리/뛰어날이고, 영이라고 읽어요.

총 9획  ` ^ ⼗ ⼦ 艹 艹 苎 苎 英 英

| | | | | | |
|---|---|---|---|---|---|
| 꽃부리 영 | 꽃부리 영 | 꽃부리 영 | 꽃부리 영 | 꽃부리 영 | 꽃부리 영 |

부수 4획 ⺿ 풀초머리
英

겨울방학 동안 영 ☐ 웅전을 읽었어요


## 4 들을 문

중국어
闻 듣다
wén 원

**聞**

훈 들을 음 문

손으로 입을 막고, 귀로는 문밖에서 들려오는 소리를 듣는 모습을 나타냄. 뜻은 들을이고, 문이라고 읽어요.

총 14획  ` ⼁ ⼁ ⼁ ⼁ 閂 閂 閂 閂 門 閏 閏 閏 聞

| | | | | | |
|---|---|---|---|---|---|
| 들을 문 | 들을 문 | 들을 문 | 들을 문 | 들을 문 | 들을 문 |

부수 6획 耳 귀 이
聞

소문 ☐ 은 금세 퍼지기 마련입니다.

 **밤 야**

달이 사람의 겨드랑이 사이 감춰져 달빛조차 보이지 않는깜깜한 밤을 나타냄. 뜻은 밤이고, 야라고 읽어요.

중국어
夜 밤
yè 예

**훈** 밤 **음** 야

**총 8획** ` 一 亠 疒 疒 夻 夜 夜

**부수 3획** 夕 저녁 석
夜

| 밤 야 | 밤 야 | 밤 야 | 밤 야 | 밤 야 | 밤 야 |

도시의 야 ☐ 경은 아름다워요

---

 **통할 통**

속이 텅 비어있는 종처럼 길이 뻥 뚫려 '통하다'를 나타냄. 뜻은 통할이고, 통이라고 읽어요.

중국어
通 통하다
tōng 통

**훈** 통할 **음** 통

**총 11획** ` ⺈ ⺆ 冎 冎 甬 甬 涌 涌 涌 通

**부수 4획** 辶 쉬엄쉬엄갈착
通

| 통할 통 | 통할 통 | 통할 통 | 통할 통 | 통할 통 | 통할 통 |

시험에 통 ☐ 과 하였습니다.

## 7 차례 번

논밭 위로 차례로 찍혀있는 동물이 지나간 발자국을 표현한 모양. 뜻은 차례이고, 번이라고 읽어요.

**중국어**
番 번, 차례
fān 판f

**훈** 차례 **음** 번

**총 12획** 丿 丶 丶 ㄫ 뚜 乎 采 采 釆 番 番 番

**부수 5획** 田 밭 전
番

| 차례 번 | 차례 번 | 차례 번 | 차례 번 | 차례 번 | 차례 번 |
|---|---|---|---|---|---|

오늘은 청소 당번 ▢ 입니다.

## 8 머리 두

높은 발이 있는 그릇 모양처럼 몸 위에 달려 있는 머리를 나타냄. 뜻은 머리이고, 두라고 읽어요.

**중국어**
头 머리
tóu 터우

**훈** 머리 **음** 두

**총 16획** 一 丆 戸 豆 豆 豆 豆 豆 豇 頭 頭 頭 頭 頭 頭 頭

**부수 9획** 頁 머리 혈
頭

| 머리 두 | 머리 두 | 머리 두 | 머리 두 | 머리 두 | 머리 두 |
|---|---|---|---|---|---|

두 ▢ 통이 심해서 얼굴을 찡그렸다.

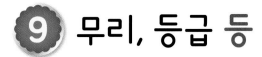

# 9 무리, 등급 등

훈 무리/등급 음 등

관청에서 문서나 책을 같은 종류끼리 정리하는 모습. 뜻은 **무리/등급**이고, 등이라고 읽어요.

중국어
等 등급
děng 덩

총 12획 　ノ　ノ　ヶ　ヶ　ヶケ　ヶケ　ケケ　笁　笁　笁　等　等

부수 6획 竹 대 죽
等

| 等 | | | | | |
|---|---|---|---|---|---|
| 무리 등 | 무리 등 | 무리 등 | 무리 등 | 무리 등 | 무리 등 |

형은 고등 ☐ 학생이 되었어요.

# 10 나눌 반

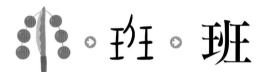

훈 나눌 음 반

칼로 옥을 둘로 쪼개어 나누는 모습으로 '나누다'를 나타냄. 뜻은 **나눌**이고, 반이라고 읽어요.

중국어
班 반
bān 빤

총 10획 　一　二　キ　王　王　珏　玗　玙　班　班

부수 4획 玨[玉] 구슬 옥
班

| 班 | | | | | |
|---|---|---|---|---|---|
| 나눌 반 | 나눌 반 | 나눌 반 | 나눌 반 | 나눌 반 | 나눌 반 |

반 아이들은 친구 관계가 좋은 아이를 반 ☐ 장으로 뽑았다.

# 뚝딱뚝딱 한자 써 보기

1 앞에서 배운 한자를 써 보세요.

| 身<br>몸 신 | 身 | 身 | | | | |
|---|---|---|---|---|---|---|
| 旗<br>깃발 기 | 旗 | 旗 | | | | |
| 英<br>꽃부리 영 | 英 | 英 | | | | |
| 聞<br>들을 문 | 聞 | 聞 | | | | |
| 夜<br>밤 야 | 夜 | 夜 | | | | |
| 通<br>통할 통 | 通 | 通 | | | | |
| 番<br>차례 번 | 番 | 番 | | | | |
| 頭<br>머리 두 | 頭 | 頭 | | | | |
| 等<br>무리 등 | 等 | 等 | | | | |
| 班<br>나눌 반 | 班 | 班 | | | | |

① 다음 그림에 알맞는 한자스티커를 붙여 보세요.

② 다음 한자에 알맞는 훈(뜻)과 음(소리)을 무지개에 써 보세요.

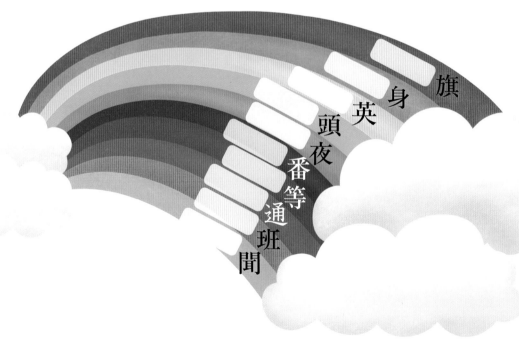

# 재미있는 한자익히기

**1** 훈(뜻)과 알맞은 한자를 연결해 보세요.

**2** 한자에 알맞은 음(소리)를 찾아 ○표시를 하세요.

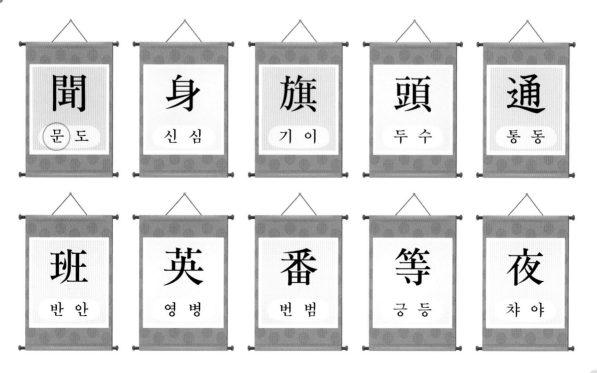

 사람의 몸을 그린 **몸 신**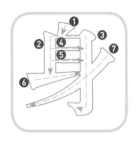

 깃발 꼽아 표시하는 **깃발 기** 旗

 명예롭고 뛰어난 **꽃부리/뛰어날 영**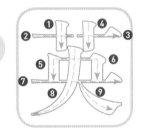

 들려오는 소릴 들어 **들을 문** 聞

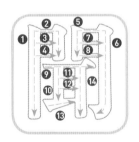 달빛조차 안 보이는 **밤 야**

 길이 뻥뻥 뚫려 통해 **통할 통** 通

 차례 차례 지나간 발자국 **차례 번** 番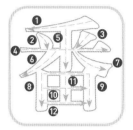

 맨 위에 달려 있는 **머리 두** 頭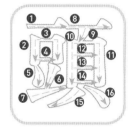

 종류별로 정리하는 **무리/등급 등** 等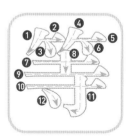

 둘로 쪼개 나누어서 **나눌 반** 班

## 國旗
### 국기

國 나라 국
旗 깃발 기

한 나라의 역사, 국민성, 이상 등을
상징하도록 정한 기

國旗
국 기

태극기는 우리나라를 상징하는 국기이다.

## 先頭
### 선두

先 먼저 선
頭 머리 두

여럿이 나아가거나 어떤 활동에서
맨 앞에 서는 사람

先頭
선 두

선두에서 잘 달리던 영희가 난데없이 넘어졌다.

## 頭目
### 두목

頭 머리 두
目 눈 목

좋지 못한 집단의 우두머리

頭目
두 목

도둑들의 두목이 경찰에 잡혔다.

## 合班
### 합반

合 합할 합
班 나눌 반

두 학급 이상이 반을 합침
또는 그렇게 만든 반

合班
합 반

두 반이 합반하여 체육행사를 준비하였다.

# 當番
## 당번

當 마땅 당
番 차례 번

어떤 일을 차례로 돌아가면서 맡음

| 當 番 | |
|---|---|
| 당 번 | |

선생님은 학생들에게 청소 당번을 정해 주셨다.

# 夜間
## 야간

夜 밤 야
間 사이 간

해가 진 뒤부터 먼동이 트기 전까지의 동안.
밤사이

| 夜 間 | |
|---|---|
| 야 간 | |

야간 운전을 할 때에는 졸음운전을 조심해야 한다.

# 開花
## 개화

開 열 개
花 꽃 화

풀이나 나무의 꽃이 핌

| 開 花 | |
|---|---|
| 개 화 | |

봄이 되면 대부분의 식물들이 개화를 시작한다.

# 身土不二
## 신토불이

身 몸 신/土 흙 토
不 아닐 불/二 두 이

몸과 땅은 둘이 아니고 하나라는 뜻으로,
자기가 사는 땅에서 산출한 농산물이어야
체질에 잘 맞음을 이르는 말

| 身 土 不 二 |
|---|
| 신 토 불 이 |

신토불이 우리 농산물은 품질이 우수하다.

# 재미있는 부수 이야기

한자에서 "제부수"이란?

한 글자 그대로 전체가 부수

나는 부수 로보트 "제부수"야.

"제부수"의 위치는 바로 글자 **전체**야.

제부수

音 소리 음

黃 누를 황

首 머리 수

| 총 9획 | 丶 ㅗ ㅗ ㅗ 立 产 音 音 音 | | | | |
|---|---|---|---|---|---|
| 音 | | | | | |
| 소리 음 | 소리 음 | 소리 음 | 소리 음 | 소리 음 | 소리 음 |

'제부수'를 살펴봐요

音 소리 음

누를 황 黃

머리 수 首

# ① 누를 황

黃

훈 누를 음 황

본래 임금의 황금색 허리 장신구를 두른 모습이나 밭이 빛을 받아 노랑색으로 보이는 것을 나타냄. 뜻은 누를이고, 황이라고 읽어요.

중국어
黃 황색
huáng 황

총 12획 一 十 土 丑 丑 丑 丑 芇 苗 苗 黃 黃

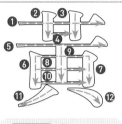

부수 12획 黃 누를 황
黃

| 누를 황 | 누를 황 | 누를 황 | 누를 황 | 누를 황 | 누를 황 |

황 ☐ 금으로 장식한 장신구를 허리에 찼다.

# ② 머리 수

首

훈 머리 음 수

눈과 머리카락을 강조한 머리의 모양. 뜻은 머리이고, 수라고 읽어요.

중국어
首 머리
shǒu 쇼우

총 9획 ` ` ` ` ` ` ` ` 首 首 首 首

부수 9획 首 머리 수
首

| 머리 수 | 머리 수 | 머리 수 | 머리 수 | 머리 수 | 머리 수 |

대한민국 수 ☐ 도는 서울입니다.

# ◦ 교과서 한자어 알기 ◦

| 한자어 | 독음 | 뜻 | 한자어 | 독음 | 뜻 |
|---|---|---|---|---|---|
| 各各 | 각각 | 사람이나 물건의 하나하나 | 敎科 | 교과 | 학교 교육의 내용과 분야 |
| 各自 | 각자 | 각각의 자기 자신 | 光明 | 광명 | 밝고 환함 |
| 强國 | 강국 | 강한 나라 | 月光 | 월광 | 달빛 |
| 强力 | 강력 | 강한 힘 | 交代 | 교대 | 어떤 일을 여럿이 나누어서 차례에 따라 맡아 함 |
| 開校 | 개교 | 학교를 새로 세워 처음으로 운영을 시작함 | 外交 | 외교 | 나라들끼리 정식으로 서로 정치적 · 경제적 · 문화적 관계를 가지는 것 |
| 開學 | 개학 | 학교 방학이 끝나고 시작하는 것 | | | |
| 去年 | 거년 | 지난해. 작년 | 區分 | 구분 | 일정한 기준에 따라 전체를 몇 개로 갈라 나눔 |
| 去來 | 거래 | 주고받음 | 地區 | 지구 | 어떤 목적과 기준에 따라 나누어 구별한 지역 |
| 見本 | 견본 | 전체 상품의 품질을 알 수 있도록 본 보기로 보여주는 물건 | 近代 | 근대 | 얼마 지나가지 않은 가까운 시대 |
| 見學 | 견학 | 실지로 보고 그 일에 관한 구체적인 지식을 넓힘 | 近海 | 근해 | 육지에서 가까운 바다 |
| 上京 | 상경 | 지방에서 서울로 올라 옴 | 時急 | 시급 | 시각을 다툴 만큼 몹시 절박하고 급하다 |
| 北京 | 북경 | 중화인민공화국(중국)의 수도 | 急所 | 급소 | 조금만 다쳐도 생명에 지장을 주는 몸의 중요한 부분 |
| 生計 | 생계 | 살림을 살아 나갈 방도 또는 현재 살림을 살아가고 있는 형편 | 國旗 | 국기 | 한 나라를 나타내는 깃발 |
| 大計 | 대계 | 큰 계획 | 旗手 | 기수 | 여럿이 줄을 맞추어 걸을 때 깃발을 들고 있는 사람 |
| 高見 | 고견 | 뛰어난 의견이나 생각 | 長短 | 장단 | 길고 짧음 |
| 高位 | 고위 | 높고 귀한 지위 | 短信 | 단신 | 짧게 쓴 편지 |
| 功名 | 공명 | 공을 세워서 자기의 이름을 널리 드러냄 | 當代 | 당대 | 일이 있는 바로 그 시대 |
| 功力 | 공력 | 공들이고 애쓰는 힘 | 當場 | 당장 | 일이 일어난 바로 그 자리 |
| 共同 | 공동 | 어떤 일을 여럿이 함께하거나 함께 관계되는 것 | 對答 | 대답 | 부르는 말에 응하여 어떤 말을 함 |
| 共有 | 공유 | 두 사람 이상이 한 물건을 공동으로 소유함 | 對立 | 대립 | 의견이나 처지, 속성 따위가 서로 반대 되거나 모순됨 |
| 科目 | 과목 | 학교에서 가르칠 내용을 공부의 분야에 방법에 따라 일정을 나눈 것 | 面刀 | 면도 | 얼굴이나 몸에 난 수염이나 잔털을 깎음 |
| | | | 短刀 | 단도 | 날이 한쪽에만 서 있는 짧은 칼 |

| 한자어 | 독음 | 뜻 |
|---|---|---|
| 圖面 | 도면 | 토목·건축·기계 같은 것의 구조나 설계 등을 그린 그림 |
| 地圖 | 지도 | 지구 표면의 전부 또는 일부의 모양을 일정한 비율로 줄여 평면에 그려 놓은 그림 |
| 代讀 | 대독 | 대신 읽는 것 |
| 多讀 | 다독 | 많이 읽음 |
| 冬天 | 동천 | 겨울하늘, 겨울날 |
| 立冬 | 입동 | 24절기의 하나. 겨울이 시작됨 |
| 頭目 | 두목 | 패거리(좋지 못한 무리)의 우두머리 |
| 先頭 | 선두 | 여럿이 나아가거나 무슨 일을 꾀할 때 맨 앞에 서는 사람 |
| 對等 | 대등 | 서로 견주어 높고 낮음이나 낫고 못함이 없이 비슷함 |
| 平等 | 평등 | 한 사회에서 권리·의무·자격 등이 모든 사람에게 고르고 똑같은 것 |
| 安樂 | 안락 | 몸과 마음이 편안하고 즐거움 |
| 國樂 | 국악 | 우리나라의 고유한 음악 |
| 禮物 | 예물 | 고마움을 나타내거나 예의를 갖추기 위하여 보내는 돈이나 물건 |
| 目禮 | 목례 | 말없이 눈짓으로 가볍게 하는 눈인사 |
| 利子 | 이자 | 남에게 돈을 빌려 쓴 대가로 치르는 일정한 비율의 돈 |
| 利己 | 이기 | 자기 자신의 이익만을 꾀함 |
| 代理 | 대리 | 남의 일을 대신 처리함 |
| 道理 | 도리 | 1. 사람이 마땅히 행하여야 할 바른 길<br>2. 어떤 일을 해 나갈 방도 |
| 明白 | 명백 | 의심할 바 없이 아주 뚜렷하다 |
| 分明 | 분명 | 흐릿하지 않고 또렷하다 |

| 한자어 | 독음 | 뜻 |
|---|---|---|
| 生命 | 생명 | 목숨. 생물이 살아 있게 하는 근본적인 기능과 힘 |
| 命中 | 명중 | 화살이나 총알 따위가 겨냥한 곳에 바로 맞음 |
| 羊毛 | 양모 | 양털 |
| 不毛地 | 불모지 | 식물이 자라지 못하는 거칠고 메마른 땅 |
| 有無 | 유무 | 있음과 없음 |
| 無禮 | 무례 | 예의가 없음 |
| 見聞 | 견문 | 보고 들음 |
| 所聞 | 소문 | 사람들 입에 오르내려 전하여 들리는 말 |
| 白米 | 백미 | 흰쌀 |
| 米色 | 미색 | 겉껍질만 벗겨 낸 쌀의 빛깔과 같이 매우 엷은 노란색 |
| 半白 | 반백 | 흰색과 검은색이 반반 정도인 머리털 |
| 半萬年 | 반만년 | 오천 년 |
| 班長 | 반장 | 소규모 조직인 반(班)을 대표하여 일을 맡는 사람 |
| 合班 | 합반 | 두 학급 이상이 합침. 또는 그렇게 만든 반 |
| 放學 | 방학 | 학교에서 한 학기가 끝나고 일정한 기간 동안 수업을 쉬는 것 |
| 開放 | 개방 | 문이나 어떠한 공간 따위를 열어 자유롭게 드나들고 이용하게함 |
| 當番 | 당번 | 어떤 일을 차례로 돌아가면서 맡음 |
| 每番 | 매번 | 각각의 차례. 번번이 |
| 別名 | 별명 | 사람의 외모나 성격 따위의 특징을 바탕으로 남들이 지어 부르는 이름 |
| 區別 | 구별 | 성질이나 종류에 따라 차이가 남. 또는 성질이나 종류에 따라 갈라놓음 |

| 한자어 | 독음 | 뜻 |
|---|---|---|
| 半步 | 반보 | 반걸음 |
| 步道 | 보도 | 사람만이 다니게 만든 길 |
| 部位 | 부위 | 전체에 대하여 어떤 특정한 부분이 차지하는 위치 |
| 部分 | 부분 | 전체를 이루는 작은 범위 |
| 死別 | 사별 | 죽어서 이별함 |
| 生死 | 생사 | 사는 일과 죽는 일. 삶과 죽음 |
| 社交 | 사교 | 여러 사람이 모여 서로 사귐 |
| 社長 | 사장 | 회사의 책임자 |
| 讀書 | 독서 | 책을 읽음 |
| 教科書 | 교과서 | 어떤 과목을 가르치기 위한 책 |
| 車線 | 차선 | 자동차 도로에 일정한 간격으로 그어 놓은 선 |
| 前線 | 전선 | 직접 뛰어든 일정한 활동 분야 |
| 成功 | 성공 | 목적을 이룸 |
| 成長 | 성장 | 1. 사람이나 동식물 따위가 자라서 점점 커짐.<br>2. 사물의 규모나 세력 따위가 점점 커 짐 |
| 育成 | 육성 | 길러 자라게 함 |
| 性別 | 성별 | 남녀나 암수의 구별 |
| 人性 | 인성 | 사람의 성품 |
| 首長 | 수장 | 위에서 중심이 되어 집단이나 단체를 지배·통솔하는 사람 |
| 部首 | 부수 | 한자 자전에서 글자를 찾는 길잡이 역할을 하는 공통되는 글자의 한 부분 |
| 明示 | 명시 | 분명하게 드러나 보임 |
| 詩人 | 시인 | 시를 잘 짓는 사람 |

| 한자어 | 독음 | 뜻 |
|---|---|---|
| 名詩 | 명시 | 유명한 시 |
| 身分 | 신분 | 개인의 사회적인 위치나 계급 |
| 自身 | 자신 | 그 사람의 몸 또는 바로 그 사람 |
| 書信 | 서신 | 편지 |
| 自信 | 자신 | 어떤 일을 해낼 수 있다거나 어떤 일이 꼭 그렇게 되리라는 데 대하여 스스로 굳게 믿음 |
| 海神 | 해신 | 바다를 다스리는 신 |
| 新聞 | 신문 | 새로운 소식이나 견문 |
| 新入 | 신입 | 어떤 모임이나 단체에 새로 들어옴 |
| 夜光 | 야광 | 어둠 속에서 빛을 냄 |
| 夜間 | 야간 | 해가 져서 먼동이 틀 때까지. 밤사이 |
| 弱小 | 약소 | 약하고 작음 |
| 老弱 | 노약 | 늙은 사람과 약한 사람 |
| 言語 | 언어 | 생각이나 느낌을 음성, 기호로 나타내 거나 전달하는 수단 |
| 名言 | 명언 | 내용이 훌륭하고 표현이 뛰어나 널리 쓰는 문구 |
| 永生 | 영생 | 영원한 생명 |
| 永住 | 영주 | 한 곳에 오래 삶 |
| 英語 | 영어 | 영국·미국·캐나다 등의 공용어로서 세계 여러 나라에서 사용하는 국제 언어 |
| 英國 | 영국 | 유럽 서부 대서양 가운데 있는 섬나라. |
| 信用 | 신용 | 사람이나 사물이 틀림없다고 믿어 의심하지 아니함 |
| 利用 | 이용 | 대상을 필요에 따라 이롭게 씀 |

| 한자어 | 독음 | 뜻 |
|---|---|---|
| 友好 | 우호 | 개인끼리나 나라끼리 서로 사이가 좋음 |
| 友軍 | 우군 | 자기편의 군대 |
| 運命 | 운명 | 1. 인간을 포함한 모든 것을 지배하는 이미 정해져 있는 강한 힘<br>2. 앞으로 닥칠 여러 가지 일이나 사태 |
| 運用 | 운용 | 물건이나 제도 등을 알맞게 사용하는 것 |
| 元首 | 원수 | 한 나라의 최고 통치권자 |
| 元祖 | 원조 | 어떤 일을 처음으로 시작한 사람 |
| 高原 | 고원 | 보통 해발 고도 600미터 이상에 있는 넓은 벌판 |
| 原理 | 원리 | 사물의 근본이 되는 이치 |
| 遠近 | 원근 | 멀고 가까움 |
| 永遠 | 영원 | 한없이 오래 계속되는 일 |
| 牛肉 | 우육 | 쇠고기 |
| 肉身 | 육신 | 육체. 사람의 몸 |
| 金銀 | 금은 | 금과 은 |
| 音樂 | 음악 | 목소리나 악기의 소리로 듣기 좋은 소리를 만드는 예술 |
| 讀音 | 독음 | 1. 글 읽는 소리 2. 한자의 음 |
| 意見 | 의견 | 어떤 대상에 대하여 가지는 생각 |
| 同意 | 동의 | 1. 같은 의미 2. 의견을 같이함 |
| 作家 | 작가 | 문학 작품, 사진, 그림, 조각 따위의 예술품을 창작하는 사람 |
| 工作 | 공작 | 1. 물건을 만듦<br>2. 어떤 목적을 위하여 미리 일을 꾸밈 |
| 天才 | 천재 | 타고난, 남보다 훨씬 뛰어난 재주. 또는 그런 재능을 가진 사람 |

| 한자어 | 독음 | 뜻 |
|---|---|---|
| 才氣 | 재기 | 재주가 있는 기질 |
| 田作 | 전작 | 밭농사. 밭곡식 |
| 朝夕 | 조석 | 아침과 저녁 |
| 王朝 | 왕조 | 같은 왕가에 속하는 왕가가 다스리는 시대 |
| 晝間 | 주간 | 낮. 낮 동안 |
| 晝夜 | 주야 | 밤낮 |
| 竹林 | 죽림 | 대숲 |
| 竹刀 | 죽도 | 검도에 쓰는 기구. 네 가닥으로 쪼갠 대나무를 묶어 칼 대신 쓴다. |
| 二重 | 이중 | 두 번 거듭되거나 겹침 |
| 所重 | 소중 | 매우 귀중하다 |
| 直線 | 직선 | 1. 꺾이거나 굽은 데가 없는 곧은 선<br>2. 두 점 사이를 짧게 연결 한 선 |
| 正直 | 정직 | 마음에 거짓이나 꾸밈이 없이 바르고 곧음 |
| 農村 | 농촌 | 주민의 대부분이 농업에 종사하는 마을이나 지역 |
| 山村 | 산촌 | 산 속에 있는 마을 |
| 秋夕 | 추석 | 우리나라 명절의 하나. 음력 팔월 보름날 |
| 秋夜 | 추야 | 가을밤 |
| 立春 | 입춘 | 이십사절기의 하나. 이때부터 봄이 시작됨 |
| 春秋 | 춘추 | 1. 봄, 가을<br>2. 어른의 나이를 높여 부르는 말 |
| 親書 | 친서 | 1. 몸소 글씨를 씀<br>2. 몸소 쓴 편지 |
| 父親 | 부친 | 아버지의 높임말 |

| 한자어 | 독음 | 뜻 |
|---|---|---|
| 太平 | 태평 | 1. 나라가 안정되어 아무 걱정 없고 평안함<br>2. 마음에 아무 근심 걱정이 없음 |
| 開通 | 개통 | 길, 다리, 철로, 전화, 전신 따위를 완성하거나 이어 통하게 함 |
| 通信 | 통신 | 소식을 전함 |
| 貝物 | 패물 | 산호, 호박, 수정, 진주 등으로 만든 값진 물건 |
| 魚貝 | 어패 | 물고기와 조개를 아울러 이르는 말 |
| 便利 | 편리 | 편하고 이로우며 이용하기 쉬움 |
| 便所 | 변소 | 대소변을 보게 되는 곳. 화장실 |
| 風光 | 풍광 | 경치 |
| 強風 | 강풍 | 세게 부는 바람 |
| 立夏 | 입하 | 이십사절기의 하나.<br>이때부터 여름이 시작 됨 |
| 春夏秋冬 | 춘하추동 | 봄, 여름, 가을, 겨울 |
| 限平生 | 한평생 | 살아 있는 동안까지 |
| 上限 | 상한 | 위와 아래로 일정한 범위를 이루고 있을 때, 위쪽의 한계 |
| 銀行 | 은행 | 사람들의 예금을 맡아 관리·운영하여 이자를 주고, 필요한 사람에게 돈을 꾸어 주고 이자를 받는 등의 일을 하는 기관 |
| 步行 | 보행 | 걸어 다님 |

| 한자어 | 독음 | 뜻 |
|---|---|---|
| 血肉 | 혈육 | 1. 피와 살<br>2. 자기가 낳은 자녀 |
| 血色 | 혈색 | 살갗에 보이는 핏기. 얼굴색 |
| 圖形 | 도형 | 그림의 모양이나 형태 |
| 形成 | 형성 | 어떤 모양을 이룸 |
| 花草 | 화초 | 꽃이 피는 나무와 풀 |
| 開花 | 개화 | 1. 풀이나 나무의 꽃이 핌<br>2. 문화나 예술 따위가 한창 번영함을 비유적으로 이르는 말 |
| 和答 | 화답 | 상대의 말이나 행동에 알맞은 언행으로 답함 |
| 平和 | 평화 | 평온하고 화목함 |
| 對話 | 대화 | 마주 대하여 이야기를 주고받음 |
| 神話 | 신화 | 1. 신비스러운 이야기<br>2. 절대적이고 획기적인 업적을 비유 적으로 이르는 말 |
| 活力 | 활력 | 살아 움직이는 힘 |
| 黃土 | 황토 | 누렇고 거무스름한 흙 |
| 黃金 | 황금 | 1. 누런빛의 금<br>2. 돈이나 재물<br>3. 귀중하고 가치가 있는 것 |
| 會見 | 회견 | 일정한 절차를 거쳐서 서로 만나 의견이나 견해 따위를 밝힘 |
| 朝會 | 조회 | 학교나 관청에서 아침에 모든 구성원이 한자리에 모이는 일 |

# ◦ 사자성어 알아 보기 ◦

| 한자어 | 독음 | 뜻 |
|---|---|---|
| 各人各色 | 각인각색 | 사람마다 각기 다름 |
| 各自圖生 | 각자도생 | 제각기 살아 나갈 방법을 꾀함 |
| 見物生心 | 견물생심 | 어떠한 실물을 보게 되면 그것을 가지고 싶은 욕심이 생김 |
| 先見之明 | 선견지명 | 어떤 일이 일어나기 전에 미리 앞을 내다보고 아는 지혜 |
| 光明正大 | 광명정대 | 말이나 행실이 떳떳하고 정당함 |
| 區區不一 | 구구불일 | 사물이 각각 달라서 일정하지 아니함 |
| 九死一生 | 구사일생 | 아홉 번 죽을 뻔하다 한 번 살아난다는 뜻으로, 죽을 고비를 여러 차례 넘기고 겨우 살아남을 이르는 말 |
| 九十春光 | 구십춘광 | 석 달 동안의 화창한 봄 날씨 |
| 九牛一毛 | 구우일모 | 아홉 마리의 소 가운데 박힌 하나의 털이란 뜻으로, 매우 많은 것 가운데 극히 적은 수를 이르는 말 |
| 多少不計 | 다소불계 | 많고 적음을 헤아리지 아니함 |
| 同生共死 | 동생공사 | 서로 같이 살고 같이 죽음 |
| 馬耳東風 | 마이동풍 | 동풍이 말의 귀를 스쳐 간다는 뜻으로, 남의 말을 귀담아듣지 아니하고 지나쳐 흘려버림을 이르는 말 |
| 萬萬不當 | 만만부당 | 절대로 옳지 아니함 |
| 千不當萬不當 | 천부당만부당 | 어림없이 사리에 맞지 아니함 |
| 萬事太平 | 만사태평 | 모든 일이 잘되어서 탈이 없고 평안함 |
| 明明白白 | 명명백백 | 의심할 여지가 없이 아주 뚜렷함 |
| 無所不知 | 무소부지 | 알지 못하는 바가 없다는 뜻으로, 매우 박학다식함 |
| 無信不立 | 무신불립 | 믿음이 없으면 일어설 수 없다는 뜻으로, 정치나 개인의 관계에서 믿음과 의리의 중요성을 강조하는 말 |
| 門前成市 | 문전성시 | 찾아오는 사람이 많아 집 문 앞이 시장을 이루다시피 함을 이르는 말 |
| 百年大計 | 백년대계 | 먼 앞날까지 미리 내다보고 세우는 크고 중요한 계획 |
| 百年同樂 | 백년동락 | 부부가 되어 한평생을 같이 살며 함께 즐거워함 |
| 白面書生 | 백면서생 | 겨우 글만 읽고 세상일에는 전혀 경험이 없는 사람 |
| 百方千計 | 백방천계 | 여러 가지 방법과 온갖 계교 |
| 父子有親 | 부자유친 | 오륜의 하나. 아버지와 아들 사이의 도리는 친애에 있다는 뜻 |

| 한자어 | 독음 | 뜻 |
|---|---|---|
| 不死永生 | 불사영생 | 죽지 아니하고 영원토록 삶 |
| 不言長短 | 불언장단 | 남의 장점과 단점을 말하지 않음 |
| 不遠千里 | 불원천리 | 천 리 길도 멀다고 여기지 않음 |
| 四面春風 | 사면춘풍 | 사면이 봄바람이라는 뜻으로, 언제 어떠한 경우라도 좋은 낯으로 남을 대함 |
| 四時春風 | 사시춘풍 | 누구에게나 늘 좋게 대하며, 무사태평한 사람을 일컬음 |
| 山高水長 | 산고수장 | 산은 높이 솟고 강은 길게 흐른다는 뜻으로, 인자나 군자의 덕행이 높고 한없이 오래 전하여 내려오는 것을 비유적으로 이르는 말 |
| 三十六計 | 삼십육계 | 서른여섯 가지의 꾀. 형편이 불리할 때, 달아나는 일이 가장 좋음 |
| 身土不二 | 신토불이 | 몸과 땅은 둘이 아니고 하나라는 뜻으로, 자기가 사는 땅에서 산출한 농산물이라야 체질에 잘 맞음을 이르는 말 |
| 魚東肉西 | 어동육서 | 제사상을 차릴 때에 생선 반찬은 동쪽에 놓고 고기 반찬은 서쪽에 놓는 일 |
| 言去言來 | 언거언래 | 말이 가고 말이 온다는 뜻으로, 여러 말이 서로 오고 감을 이르는 말 |
| 樂山樂水 | 요산요수 | 산수의 자연을 즐기고 좋아함 |
| 遠水近火 | 원수근화 | 먼 데 있는 물은 가까운 데의 불을 끄는 데는 쓸모가 없다는 뜻으로, 무슨 일이든 멀리 있는 것은 급할 때에 소용이 없음을 이르는 말 |
| 有口無言 | 유구무언 | 입은 있어도 말은 없다는 뜻으로, 변명할 말이 없거나 변명을 못함을 이르는 말 |
| 耳聞目見 | 이문목견 | 귀로 듣고 눈으로 본다는 뜻으로, 실지로 경험함을 이르는 말 |
| 二八青春 | 이팔청춘 | 16세 무렵의 꽃다운 청춘. 또는 혈기 왕성한 젊은 시절 |
| 一口二言 | 일구이언 | 한 입으로 두 말을 한다는 뜻으로, 한 가지 일에 대하여 말을 이랬다저랬다 함을 이르는 말 |
| 一文不通 | 일문불통 | 한 글자도 읽을 수 없음 |
| 一日三秋 | 일일삼추 | 하루가 삼 년 같다는 뜻으로, 뜻대로 만날 수 없는 초조함을 나타내는 말 |
| 一長一短 | 일장일단 | 장점도 있고 단점도 있음 |
| 一朝一夕 | 일조일석 | 하루 아침 하루 저녁이란 뜻으로, 짧은 시일을 이르는 말 |
| 立身出世 | 입신출세 | 성공하여 세상에 이름을 떨침 |
| 自手成家 | 자수성가 | 물려받은 재산이 없이 자기 혼자의 힘으로 집안을 일으키고 재산을 모음 |
| 自作一村 | 자작일촌 | 한집안끼리, 또는 뜻이 같은 사람끼리 모여 한 마을을 이룸 |
| 作心三日 | 작심삼일 | 단단히 먹은 마음이 사흘을 가지 못한다는 뜻으로, 결심이 굳지 못함을 이르는 말 |

| 한자어 | 독음 | 뜻 |
|---|---|---|
| 電光石火 | 전광석화 | 번갯불이나 부싯돌의 불이 번쩍거리는 것 같이 매우 짧은 시간이나 매우 재빠른 움직임 따위를 비유적으로 이르는 말 |
| 晝夜長川 | 주야장천 | 밤낮으로 쉬지 않고 흐르는 시냇물이라는 뜻으로, 이처럼 쉬지 않고 언제나, 늘 잇따름을 이르는 말 |
| 天地神明 | 천지신명 | 천지의 조화를 주재하는 온갖 신령 |
| 天下太平 | 천하태평 | 정치가 잘되어 온 세상이 평화로움 |
| 春夏秋冬 | 춘하추동 | 봄 · 여름 · 가을 · 겨울의 네 계절 |
| 七步成詩 | 칠보성시 | 일곱 걸음에 한 편의 시를 완성한다는 뜻으로, 시를 빨리 잘 짓는 재주를 이르는 말 |
| 形形色色 | 형형색색 | 형상과 빛깔 따위가 서로 다른 여러 가지 |

# ◎ 뜻이 반대되는 한자(反意字반의자) **살펴 보기** ◎

① 强 ↔ 弱
강할 강 　 약할 약

② 去 ↔ 來
갈 거 　 올 래

③ 高 ↔ 下
높을 고 　 아래 하

④ 死 ↔ 活
죽을 사 　 살 활

⑤ 生 ↔ 死
살 생 　 죽을 사

⑥ 言 ↔ 行
말씀 언 　 행할 행

⑦ 遠 ↔ 近
멀 원 　 가까울 근

⑧ 有 ↔ 無
있을 유 　 없을 무

⑨ 長 ↔ 短
긴 장 　 짧을 단

⑩ 朝 ↔ 夕
아침 조 　 저녁 석

⑪ 晝 ↔ 夜
낮 주 　 밤 야

⑫ 春 ↔ 秋
봄 춘 　 가을 추

⑬

夏 ⬌ 冬

여름 하 　　 겨울 동

◦ 뜻이 비슷한 한자(類意字유의자) **살펴 보기** ◦

① 共 = 同

함께 공 　　 같을 동

② 光 = 色

빛 광 　　 빛 색

③ 區 = 分

나눌 구 　　 나눌 분

④ 文 = 書

글월 문 　　 글 서

⑤ 分 = 班

나눌 분 　　 나눌 반

⑥ 社 = 會

모일 사 　　 모일 회

⑦ 生 = 活

살 생 　　 살 활

⑧ 首 = 頭

머리 수 　　 머리 두

⑨ 言 = 語

말씀 언    말씀 어

⑩ 永 = 遠

길 영    멀 원

⑪ 肉 = 身

고기 육    몸 신

⑫ 正 = 直

바를 정    곧을 직

⑬ 村 = 里

마을 촌    마을 리

⑭ 平 = 和

평평할 평    화할 화

⑮ 話 = 言

말씀 화    말씀 언

⑯ 區 = 別

나눌 구    나눌 별

# 간체자(简体字) 살펴 보기

① 开 = 開
kāi / 열 개

② 见 = 見
jiàn / 볼 견

③ 计 = 計
jì / 셀 계

④ 区 = 區
qū / 나눌 구

⑤ 当 = 當
dāng / 마땅할 당

⑥ 对 = 對
duì / 대답할 대

⑦ 图 = 圖
tú / 그림 도

⑧ 读 = 讀
dú / 읽을 독

⑨ 头 = 頭
tóu / 머리 두

⑩ 乐 = 樂
lè, yuè, yào / 즐길 락, 노래 악 좋아할 요

⑪ 礼 = 禮
lǐ / 예도 레(예)

⑫ 无 = 無
wú / 없을 무

⑬ 闻 = 聞
wén　들을 문

⑭ 别 = 別
bié　다를 별

⑮ 书 = 書
shū　글 서

⑯ 线 = 線
xiàn　줄 선

⑰ 诗 = 詩
shī　시 시

⑱ 运 = 運
yùn　옮길 운

⑲ 远 = 遠
yuǎn　멀 원

⑳ 银 = 銀
yín　은 은

㉑ 昼 = 晝
zhòu　낮 주

㉒ 直 = 直
zhí　곧을 직

㉓ 亲 = 親
qīn　친할 친

㉔ 贝 = 貝
bèi　조개 패

㉕ 风 = 風

fēng

바람 풍

㉖ 话 = 話

huà

말씀 화

㉗ 黄 = 黃

huáng

누를 황

㉘ 会 = 會

huì

모일 회

신비한자로 신나게
반복해서 공부하면
한자 실력이 쑥쑥~
성장할 꺼에요.

# 정답

본책 정답

p12~13

p20~21

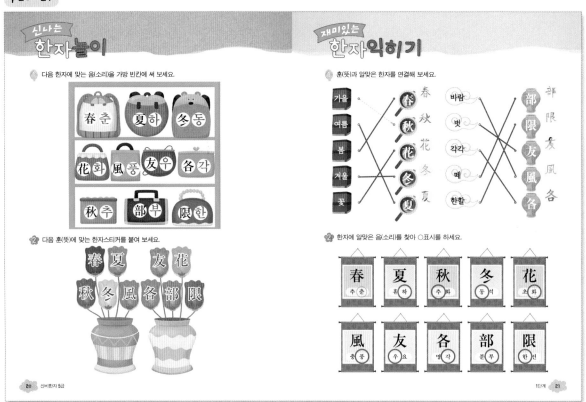

## p28~29

## p36~37

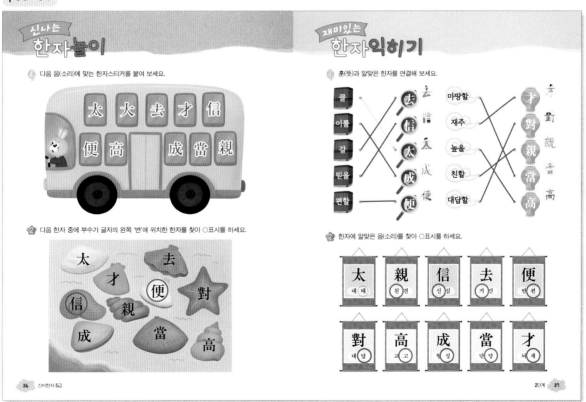

p44~45

p52~53

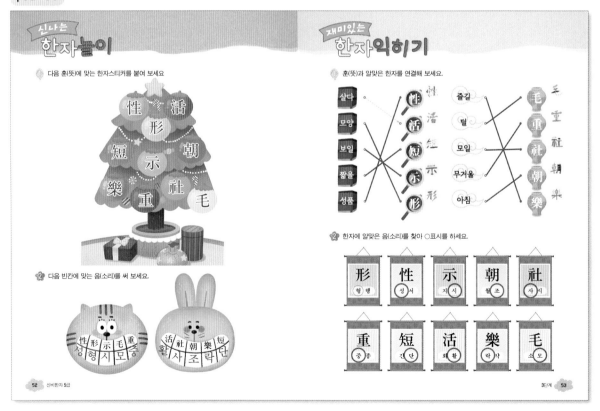

p60~61

p68~69

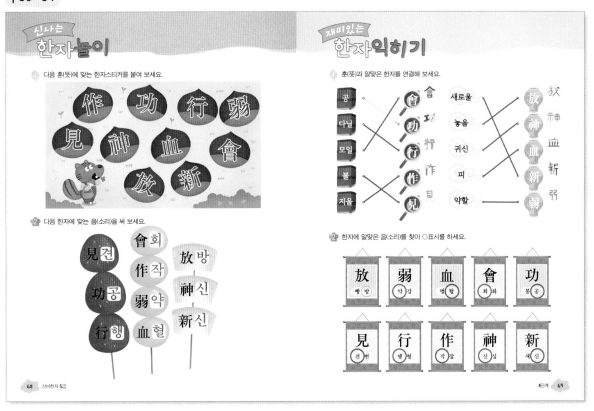

p76~77

p84~85

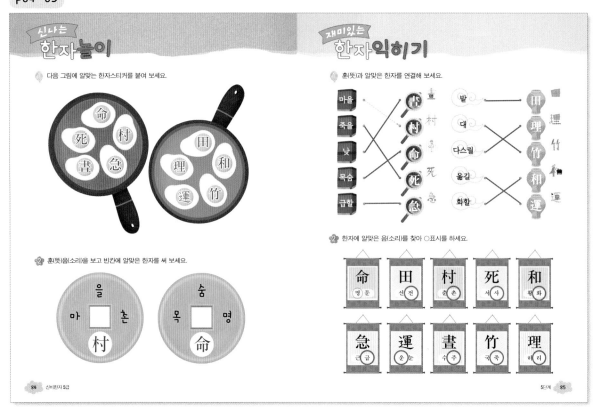

p92~93

p100~101

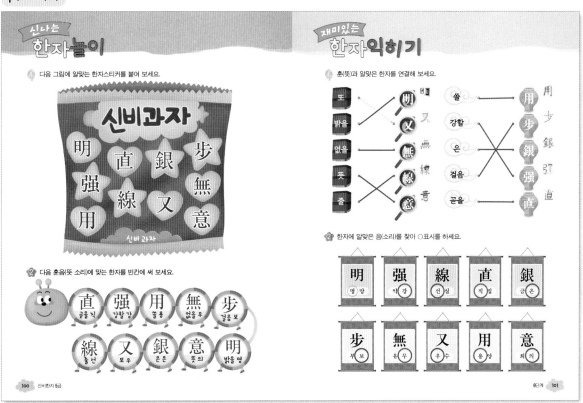

p108~109

p116~117

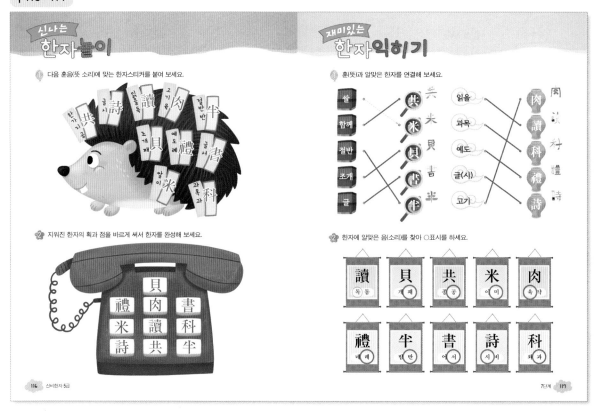

p124~125

p132~133

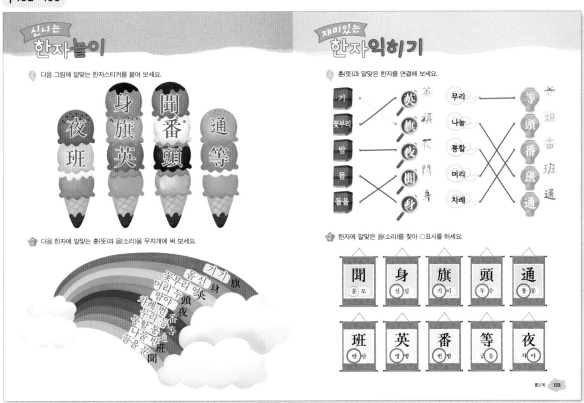

신비한자 5급

# 실전 예상문제

준 5급 HNK 한중상용한자 예상문제 1회
5급 대한검정회 예상문제 1회

OMR 카드
준 5급HNK 한중상용한자 예상문제 정답
5급 대한검정회 예상문제 정답

## 선택형 [1~30]

※ 다음 물음에 맞는 답의 번호를 답안지의 해당 답란에 표시하시오.

[1~5]
한자의 훈과 음으로 바른 것을 고르시오.

1 田 ( )
　　① 온전할 전　　② 앞 전
　　③ 밭 전　　④ 골 동

2 夏 ( )
　　① 가을 추　　② 여름 하
　　③ 겨울 동　　④ 봄 춘

3 友 ( )
　　① 낮 오　　② 벗 우
　　③ 오른 우　　④ 소 우

4 強 ( )
　　① 강할 강　　② 강 강
　　③ 함께 공　　④ 급할 급

5 竹 ( )
　　① 풀 초　　② 수풀 림
　　③ 대 죽　　④ 나무 목

[6~10]
다음 훈과 음에 해당하는 한자를 고르시오.

6 털 모 ( )
　　① 毛　　② 耳　　③ 半　　④ 命

7 아침 조 ( )
　　① 首　　② 步　　③ 畫　　④ 朝

8 들을 문 ( )
　　① 合　　② 文　　③ 木　　④ 聞

9 죽을 사 ( )
　　① 江　　② 面　　③ 死　　④ 社

10 보일 시 ( )
　　① 詩　　② 示　　③ 用　　④ 音

[11~15]

다음 훈과 음에 해당하는 한자와 그 간체자가 바르게
짝지어진 것을 고르시오.

11  군사 군                              (      )

　①軍 = 军　　②祖 = 祖

　③車 = 车　　④馬 = 马

12  심을 식                              (      )

　①弱 = 弱　　②植 = 植

　③來 = 来　　④漢 = 汉

13  기록할 기                            (      )

　①記 = 记　　②語 = 语

　③話 = 话　　④詩 = 诗

14  읽을 독                              (      )

　①黃 = 黄　　②讀 = 读

　③直 = 直　　④植 = 植

15  멀 원                                (      )

　①風 = 风　　②門 = 门

　③遠 = 远　　④圖 = 图

[16~18]

뜻이 반대 또는 상대되는 한자를 고르시오.

16  有                                   (      )

　①敎　　②海　　③近　　④無

17  生                                   (      )

　①民　　②死　　③家　　④今

18  後                                   (      )

　①前　　②合　　③間　　④食

[19~21]

뜻이 같거나 비슷한 한자를 고르시오.

19  光                                   (      )

　①手　　②食　　③西　　④色

20  肉                                   (      )

　①身　　②社　　③心　　④夫

21  平                                   (      )

　①玉　　②和　　③先　　④出

[22~24]

밑줄 친 낱말의 뜻을 가진 한자를 고르시오.

22  토끼의 앞다리는 뒷다리 보다 **짧다**. (     )

　　① 分　　② 短　　③ 長　　④ 安

23  이 도자기 **모양**이 정말 예쁘다.　(     )

　　① 形　　② 型　　③ 安　　④ 花

24  친구들과 자전거를 타니 기분이 **좋았다**.

　　　　　　　　　　　　　　　(     )

　　① 所　　② 同　　③ 口　　④ 好

[25~27]

다음 뜻을 가진 한자어를 고르시오.

25  주고받음 또는 사고 팖.　　　(     )

　　① 去年　　　　　② 來日

　　③ 去來　　　　　④ 本來

26  화살이나 총알 따위가 겨냥한 곳에 바로 맞음.　　　　　　　　　　　　(     )

　　① 分明　　　　　② 命中

　　③ 明白　　　　　④ 中心

27  여러 사람이 모여 서로 사귐.　(     )

　　① 社交　　　　　② 社會

　　③ 社內　　　　　④ 交代

[28~30]

밑줄 친 한자어의 뜻으로 알맞은 것을 고르시오.

28  내 시계는 **夜光** 기능이 있어 밤에도 시간을 알 수 있다.　　　　　　　　(     )

　　① 어둠 속에서 빛을 냄
　　② 아름답게 번쩍이는 빛
　　③ 빛의 자극에 의하여 일어나는 감각
　　④ 스스로 빛을 내는 물체

29  그 소설은 인간의 **心理**를 잘 표현했다.

　　　　　　　　　　　　　　　(     )

　　① 힘을 합하여 만듦
　　② 마음 새김
　　③ 마음의 작용과 의식의 상태
　　④ 일을 다스려 처리감

30  그는 틈틈이 책을 읽고 여행을 다니며 **見聞**을 넓혔다.　　　　　　　　　(     )

　　① 새로운 소식
　　② 듣거나 보거나 하여 깨달아 얻은 지식
　　③ 세상에 떠도는 소문을 더듬어 찾음
　　④ 미처 찾아내지 못하였거나 알려지지 아니한 것을 찾아냄

## 단답형 [31~80]

※ 다음 물음에 맞는 답을 답안지의 해당 답란에 쓰시오.

[31~50]
한자의 훈과 음을 쓰시오.(31~40번은 간체자 표기임)

| 예시: 一 (한 일) |
|---|

31 图 (          )
32 当 (          )
33 闻 (          )
34 银 (          )
35 书 (          )
36 开 (          )
37 区 (          )
38 乐 (          )
39 风 (          )
40 远 (          )
41 番 (          )
42 共 (          )
43 頭 (          )
44 活 (          )
45 性 (          )
46 利 (          )
47 別 (          )
48 各 (          )
49 花 (          )
50 直 (          )

[51~70]
한자어의 독음을 쓰시오.(51~60번은 간체자표기임)

| 예시: 一二 (일이) |
|---|

51 国乐 (          )
52 区別 (          )
53 神话 (          )
54 风光 (          )
55 开通 (          )
56 远洋 (          )
57 气分 (          )
58 前线 (          )
59 友军 (          )
60 当番 (          )
61 運命 (          )
62 元首 (          )
63 作用 (          )
64 止血 (          )
65 正直 (          )
66 通信 (          )
67 親書 (          )
68 死亡 (          )
69 入院 (          )
70 野球 (          )

[71~75]

다음 한자의 간체자를 〈보기〉에서 찾아 쓰시오.

| 〈보기〉 |
| --- |
| 亲   线   对   诗   会   话   们 |

71  會          (                    )

72  親          (                    )

73  話          (                    )

74  詩          (                    )

75  線          (                    )

[76~80]

다음 한자의 번체자를 〈보기〉에서 찾아 쓰시오.

| 〈보기〉 |
| --- |
| 后   貝   區   開   計   風   无 |

76  区          (                    )

77  风          (                    )

78  开          (                    )

79  贝          (                    )

80  计          (                    )

[81~82]

다음 한자의 부수를 쓰시오.

| 예시: 室 ( 宀 ) |
| --- |

81  性          (                    )

82  又          (                    )

[83~85]

다음 뜻을 가진 사자성어를 〈보기〉에서 찾아 그 독음을 쓰시오.

| 〈보기〉 |
| --- |
| •晝夜長川      •百年大計 |
| •門前成市      •各人各色 |
| •光明正大 |

83  문전성시 : 찾아오는 사람이 많아 집 문앞이
    시장을 이루다시피 함을 이르는 말
                                    (                    )

84  백년대계: 먼 앞날까지 내다보고 먼 뒷날까지
    걸쳐 세 우는 큰 계획.
                                    (                    )

85  주야장천 : 밤낮으로 쉬지 아니하고 연달아
                                    (                    )

[86~85]

밑줄 친 한자어의 독음을 쓰시오.

> 예시: 漢字를 익힐 때는 여러 가지의 훈과 음에 유의해야 합니다. (한자)

86 나는 **每番** 시험에 떨어졌지만 절대 포기하 지 않았다. ( )

87 반대편 **車線**에서 달리던 버스가 중앙선을 넘 어와 대형 사고를 냈다. ( )

88 상처 난 **部位**가 덧나지 않도록 소독을 철저 히 했다. ( )

89 교통수단과 **通信** 기기의 발달로 전 세계가 하 나의 마을처럼 가까워 졌다. ( )

90 청소년기는 인격을 **形成**하는 데에 매우 중 요 한 시기다. ( )

91 이번 안건은 반대 **意見**이 많아 결론을 내지 못했다. ( )

92 풀 한포기 자라지 못하던 **不毛地**가 지금은 아름다운 꽃밭이 되었다. ( )

93 내방은 햇볕이 잘 들어와 **植物**이 잘 자란다. ( )

94 당장 생필품을 **共同** 구매로 저렴하게 살 수 있었다. ( )

95 **弱小**한 나라의 국민으로서 설울음 느끼다. ( )

[96~100]

다음 문장의 내용에 맞게 밑줄 친 한자어를 쓰시오.

> 예시: **한자**를 쓸 때는 순서에 유의해야 합니다. ( 漢字 )

96 **실내** 온도가 너무 차갑다 ( )

97 그것은 **고대**로부터 전해 내려오는 풍습이다. ( )

98 할아버지는 유일한 **혈육**인 나를 끔찍이 아 끼 셨다. ( )

99 횡단보도를 건널 때 **보행** 신호를 반드시 확 인하고 건너야 합니다. ( )

100 요즘은 바빠서 **신문** 읽을 시간도 없다. ( )

■ 다음 물음에 맞는 답의 번호를 골라 답안지의 해당 답란에 표시하시오.

※ 한자의 뜻과 음으로 바른 것을 고르시오.

1. 育 (    )  ① 들을 문  ② 수레 거
           ③ 기를 육  ④ 한가지 동

2. 神 (    )  ① 귀신 신  ② 나눌 구
           ③ 나라 국  ④ 한가지 동

3. 太 (    )  ① 큰 대   ② 클 태
           ③ 말씀 어  ④ 스스로 자

4. 旗 (    )  ① 끝 말   ② 모 방
           ③ 몸 기   ④ 기 기

5. 弱 (    )  ① 기를 육  ② 수풀 림
           ③ 약할 약  ④ 고기 육

6. 形 (    )  ① 매양 매  ② 쌀 미
           ③ 빛 색   ④ 모양 형

7. 科 (    )  ① 과목 과  ② 심을 식
           ③ 모양 형  ④ 옷 의

8. 空 (    )  ① 임금 왕  ② 수건 건
           ③ 장인 공  ④ 빌 공

※ 훈음에 맞는 한자를 고르시오.

9. 기록할 기 (    ) ①記 ②己 ③書 ④晝

10. 절반  반 (    ) ①本 ②半 ③別 ④耳

11. 말씀  어 (    ) ①班 ②語 ③言 ④形

12. 가을  추 (    ) ①休 ②線 ③番 ④秋

13. 평평할 평 (    ) ①半 ②立 ③平 ④永

14. 머리  수 (    ) ①詩 ②寸 ③水 ④首

15. 강할  강 (    ) ①強 ②江 ③力 ④氣

※ 물음에 알맞은 답을 고르시오.

16. 자식이 늙은 부모를 업고 있는 모양으로 어버이를 잘 모시고 섬김의 뜻을 나타내는 한자는? (    )
    ①子   ②敎   ③孝   ④母

17. "電氣"에서 밑줄 친 '電'의 훈음으로 가장 알맞은 것은?                    (    )
    ① 군사 군   ② 열 개   ③ 마당 장   ④ 번개 전

18. "그의 꿈은 詩人이 되는 것이다."에서 밑줄 친 '詩'의 훈음으로 가장 알맞은 것은?        (    )
    ① 저자 시   ② 글 시   ③ 때 시   ④ 보일 시

19. '和'을(를) 자전에서 찾을 때의 방법으로 바르지 않은 것은?                      (    )
    ① 자음으로 찾을 때는 '화'음에서 찾는다.
    ② 부수로 찾을 때는 '禾'부수 3획에서 찾는다.
    ③ 부수로 찾을 때는 '口'부수 5획에서 찾는다.
    ④ 총획으로 찾을 때는 '8획에서 찾는다.

20. '里'의 유의자는?                    (    )
    ①家   ②校   ③山   ④村

21. '有'의 반의자는?                    (    )
    ①無   ②正   ③育   ④死

22. "通□, □用, 自□"에서 □안에 공통으로 들어갈 한자로 바른 것은?                 (    )
    ①向   ②信   ③線   ④通

※ 어휘의 독음이 바른 것을 고르시오.

23. 立春 (    ) ① 입추 ② 입일 ③ 입춘 ④ 입수

24. 意見 (    ) ① 견해 ② 사견 ③ 이견 ④ 의견

25. 古物 (    ) ① 고문 ② 고물 ③ 구물 ④ 구문

26. 車線 (    ) ① 차도 ② 군선 ③ 차기 ④ 차선

27. 不時 (    ) ① 공시 ② 불사 ③ 불시 ④ 불간

28. 便利 (    ) ① 편리 ② 편이 ③ 변리 ④ 변익

29. 住所 (    ) ① 주거 ② 주소 ③ 거주 ④ 거소

30. 血肉 (    ) ① 혈육 ② 설육 ③ 골육 ④ 혈내

31. 植字 (    ) ① 식자 ② 심자 ③ 직자 ④ 식사

※ 어휘의 뜻으로 알맞은 것을 고르시오.

32. 空軍　　（　　　）
　　① 공중에 떠있는 차
　　② 차가 비어있는 공간
　　③ 군인들이 쉬는 공간
　　④ 공중에서 공격과 방어의 임무를 수행하는 군대

33. 作別　　（　　　）
　　① 죽어서 이별함　　② 다시 만나 인사를 나눔
　　③ 인사를 나누고 헤어짐　　④노래를 작곡함

34. 間食　　（　　　）
　　① 주로 먹는 식사　　　　② 저녁식사
　　③ 끼니와 끼니 사이에 먹는 음식　　④ 점심식사

※ 낱말을 한자로 바르게 쓴 것을 고르시오.

35. 고견 : 뛰어난 의견이나 생각　　（　　　）
　　①古見　　②高見　　③告見　　④高巾

36. 중앙 : 중심이 되는 중요한 곳（　　　）
　　①弱小　　②中今　　③重央　　④中央

37. 약소 : 약하고 작음.　　　　（　　　）
　　①間食　　②弱少　　③學小　　④夜少

※ 밑줄 친 어휘의 알맞은 독음을 고르시오.

38. 나는 이제 高等 학생이 되었다.　（　　　）
　　① 중등　　② 초등　　③ 졸업　　④ 고등

39. 작업 현장에서는 安全 수칙을 반드시 준수하시기
　　바랍니다.　　　　　　　　（　　　）
　　① 완전　　② 안전　　③ 안금　　④ 완금

40. 체육시간에 分班을 해서 활동을 했다.　（　　　）
　　① 분담　　② 분반　　③ 반반　　④ 도반

41. 부모님께 朝夕(으)로 문안을 드리다.　（　　　）
　　① 조다　　② 조야　　③ 조석　　④ 월석

※ 밑줄 친 부분을 한자로 바르게 쓴 것을 고르시오.

42. 귀중한 문서를 잘 보관 하였다.　　（　　　）
　　①文西　　②聞書　　③間書　　④文書

43. 새로 이사한 집 주소를 적어주었다.　（　　　）
　　①住所　　②主所　　③住少　　④書所

44. 올해 농사가 풍년이다.　　　　（　　　）
　　①農四　　②農土　　③農事　　④農寺

※ 물음에 알맞은 답을 고르시오.

45. 앞 글자가 뒤 글자를 꾸며주는 것은?　（　　　）
　　①有無　　②兄弟　　③強力　　④左右

46. '明年'의 유의어는?　　　　　（　　　）
　　①末年　　②來年　　③百年　　④十年

47. '畫間'의 반의어는?　　　　　（　　　）
　　①夜間　　②夕食　　③夜京　　④世間

48. "一長一短"의 뜻으로 알맞은 것은?　（　　　）
　　① 길다가 다시 짧아진다.
　　② 장점도 있고 단점도 있음
　　③ 장점으로 단점을 보충함
　　④ 길고 짧은 것은 재어 봐야 앎

49. 설날이라 하며 "차례지내기, 떡국 먹기, 세배, 성묘"
　　등이 행해지는 고유 명절은?　　（　　　）
　　① 단오　　② 원일　　③ 상원　　④ 추석

50. 우리의 평소 행동으로 바르지 않은 것은? （　　　）
　　① 친한 친구의 물건은 내 물건처럼 사용해도 된다.
　　② 상대방의 인격을 존중하고 겸손한 태도를 갖는다.
　　③ 부모님이 부르시면 얼른 대답한다.
　　④ 전화를 잘못 걸었을 때에는 정중히 사과한다.

♣ 수고하셨습니다.

# HNK 한자능력시험 답안지

성 명

| 응시급수 | 3급 | 4급 | 4II급 | 5급 | 5II급 |
|---|---|---|---|---|---|
| | ○ | ○ | ○ | ○ | ○ |

## 수험번호

## 유의사항

1. 모든 표기 및 답안 작성은 지워지지 않는 검정색 필기구를 사용해야 합니다.
2. 바르지 못한 표기를 하였거나 불필요한 표기를 하였을 경우 해당을 받을 수 있습니다.
3. 표기가 잘못되었을 경우는 수정테이프로 깨끗이 지운 후 다시 칠하거나 바를 받을 쓰십시오.
4. 수험번호는 숫자로 쓰고 해당 'O' 안에 표기합니다.
5. 응시급수 및 수험번호, 선택형 답안의 'O' 안의 표기는 〈보기〉와 같이 정해해야 합니다.

〈보기〉 ● ① ○
○ × × ×
× × ×

### 감독위원 확인란
(※수험생은 표기하지 말 것)

| 결시자 표기 | 감독위원 서명 |
|---|---|
| 결시자의 수험번호를 쓰고 아래에 표기 ○ | 성명, 수험번호 표기가 정확한지 확인 후 서명 또는 날인 |

| 득점 문항 수 |
|---|
| ○ |

시행 다락원 국가공인민간자격 관리기관 사단법인 한중문지교류협회 | 国家汉办 (Hanban)

---

❖ 답답란의 'O'은 채점용이므로 수험생은 표기하지 않습니다.

### 선택형(1~30)

|  |  |  |  |  |
|---|---|---|---|---|
| 1 | ① | ② | ③ | ④ |
| 2 | ① | ② | ③ | ④ |
| 3 | ① | ② | ③ | ④ |
| 4 | ① | ② | ③ | ④ |
| 5 | ① | ② | ③ | ④ |
| 6 | ① | ② | ③ | ④ |
| 7 | ① | ② | ③ | ④ |
| 8 | ① | ② | ③ | ④ |
| 9 | ① | ② | ③ | ④ |
| 10 | ① | ② | ③ | ④ |
| 11 | ① | ② | ③ | ④ |
| 12 | ① | ② | ③ | ④ |
| 13 | ① | ② | ③ | ④ |
| 14 | ① | ② | ③ | ④ |
| 15 | ① | ② | ③ | ④ |
| 16 | ① | ② | ③ | ④ |
| 17 | ① | ② | ③ | ④ |
| 18 | ① | ② | ③ | ④ |
| 19 | ① | ② | ③ | ④ |
| 20 | ① | ② | ③ | ④ |
| 21 | ① | ② | ③ | ④ |
| 22 | ① | ② | ③ | ④ |
| 23 | ① | ② | ③ | ④ |
| 24 | ① | ② | ③ | ④ |
| 25 | ① | ② | ③ | ④ |
| 26 | ① | ② | ③ | ④ |
| 27 | ① | ② | ③ | ④ |
| 28 | ① | ② | ③ | ④ |
| 29 | ① | ② | ③ | ④ |
| 30 | ① | ② | ③ | ④ |

### 답란형(31~50)

|  | |  | |
|---|---|---|---|
| 31 | ○ | 41 | ○ |
| 32 | ○ | 42 | ○ |
| 33 | ○ | 43 | ○ |
| 34 | ○ | 44 | ○ |
| 35 | ○ | 45 | ○ |
| 36 | ○ | 46 | ○ |
| 37 | ○ | 47 | ○ |
| 38 | ○ | 48 | ○ |
| 39 | ○ | 49 | ○ |
| 40 | ○ | 50 | ○ |

▼ 51번부터는 뒷면에 답안을 작성합니다.

단답형(51~100)

| | 51 | ○ | 61 | ○ | 71 | ○ | 81 | ○ | 91 | ○ |
| | 52 | ○ | 62 | ○ | 72 | ○ | 82 | ○ | 92 | ○ |
| | 53 | ○ | 63 | ○ | 73 | ○ | 83 | ○ | 93 | ○ |
| | 54 | ○ | 64 | ○ | 74 | ○ | 84 | ○ | 94 | ○ |
| | 55 | ○ | 65 | ○ | 75 | ○ | 85 | ○ | 95 | ○ |
| | 56 | ○ | 66 | ○ | 76 | ○ | 86 | ○ | 96 | ○ |
| | 57 | ○ | 67 | ○ | 77 | ○ | 87 | ○ | 97 | ○ |
| | 58 | ○ | 68 | ○ | 78 | ○ | 88 | ○ | 98 | ○ |
| | 59 | ○ | 69 | ○ | 79 | ○ | 89 | ○ | 99 | ○ |
| | 60 | ○ | 70 | ○ | 80 | ○ | 90 | ○ | 100 | ○ |

# 실전 예상문제 정답

준 5급 HNK한중상용한자능력시험 예상문제

| | | | | |
|---|---|---|---|---|
| 1. ③ | 2. ② | 3. ② | 4. ① | 5. ③ |
| 6. ① | 7. ④ | 8. ④ | 9. ③ | 10. ② |
| 11. ① | 12. ② | 13. ① | 14. ② | 15. ③ |
| 16. ④ | 17. ② | 18. ① | 19. ④ | 20. ① |
| 21. ② | 22. ② | 23. ② | 24. ④ | 25. ③ |
| 26. ② | 27. ① | 28. ① | 29. ③ | 30. ② |
| 31. 그림 도 | 32. 마땅할 당 | 33. 들을 문 | 34. 은 은 | 35. 책 서 |
| 36. 열 개 | 37. 나눌 구 | 38. 즐길 락/노래 악/좋아할 요 | | |
| 39. 바람 풍 | 40. 멀 원 | | | |
| 41. 차례 번 | 42. 함께 공 | 43. 머리 두 | 44. 살 활 | 45. 성품 성 |
| 46. 이로울 리 | 47. 다를 별 | 48. 각각 각 | 49. 꽃 화 | 50. 곧을 직 |
| 51. 국악 | 52. 구별 | 53. 신화 | 54. 풍광 | 55. 개통 |
| 56. 원양 | 57. 기분 | 58. 전선 | 59. 우군 | 60. 당번 |
| 61. 운명 | 62. 원수 | 63. 작용 | 64. 지혈 | 65. 정직 |
| 66. 통신 | 67. 친서 | 68. 사망 | 69. 입원 | 70. 야구 |
| 71. 会 | 72. 亲 | 73. 话 | 74. 诗 | 75. 线 |
| 76. 區 | 77. 風 | 78. 開 | 79. 貝 | 80. 計 |
| 81. 心 | 82. 又 | 83. 門前成市 | 84. 百年大計 | 85. 晝夜長川 |
| 86. 매번 | 87. 차선 | 88. 부위 | 89. 통신 | 90. 형성 |
| 91. 의견 | 92. 불모지 | 93. 식물 | 94. 공동 | 95. 약소 |
| 96. 室內 | 97. 古代 | 98. 血肉 | 99. 步行 | 100. 新聞 |

5급 대한검정회 예상문제

| | | | | |
|---|---|---|---|---|
| 1. ③ | 2. ① | 3. ② | 4. ④ | 5. ③ |
| 6. ④ | 7. ① | 8. ④ | 9. ① | 10. ② |
| 11. ② | 12. ④ | 13. ③ | 14. ④ | 15. ① |
| 16. ③ | 17. ④ | 18. ② | 19. ② | 20. ④ |
| 21. ① | 22. ② | 23. ③ | 24. ④ | 25. ② |
| 26. ④ | 27. ③ | 28. ① | 29. ② | 30. ① |
| 31. ① | 32. ④ | 33. ③ | 34. ③ | 35. ② |
| 36. ④ | 37. ① | 38. ④ | 39. ② | 40. ② |
| 41. ③ | 42. ④ | 43. ① | 44. ③ | 45. ③ |
| 46. ② | 47. ① | 48. ② | 49. ② | 50. ① |

# MEMO

신비한자
카드

5급

봄춘

여름하

가을추

총 9획 　 5급

부수 日 날일

언제 어디서든 들고 다니면서 한자를 외워 보세요.

총 9획 　 5급

부수 禾 벼화

총 10획 　 5급

부수 夂 천천히 걸을 쇠

겨울 **동**

꽃 **화**

바람 **풍**

벗 우

花

총 7획 5급

부수 艹 초두머리

冬

총 5획 5급

부수 冫 얼음 빙

友

총 4획 5급

부수 又 또 우

風

총 9획 5급

부수 風 바람 풍

각각 **각**

떼/거느릴 **부**

한할 **한**

말씀 **언**

部

총 11획     5급

부수 阝[邑] 우부방

各

총 6획     5급

부수 口 입구

言

총 7획     5급

부수 言[訁] 말씀 언

限

총 9획     5급

부수 阝 좌부변

말씀 **화**

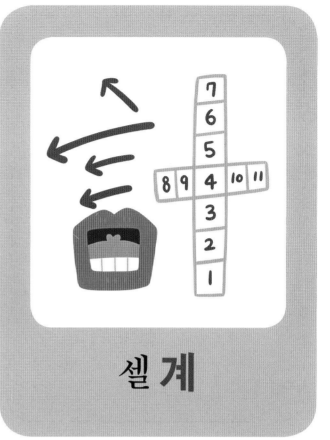

셀 **계**

클 **태**

갈 **거**

計

총 9획

5급

부수 言[讠] 말씀 언

話

총 13획

5급

부수 言[讠] 말씀 언

去

총 5획

5급

부수 厶 사사 사

太

총 4획

5급

부수 大 큰 대

믿을 **신**

편할**편**, 똥오줌**변**

이룰 **성**

마땅할 **당**

便

총 9획　　　　5급

부수 人 사람 인

信

총 9획　　　　5급

부수 人 사람 인

當

총 13획　　　　5급

부수 田 밭 전

成

총 6획　　　　5급

부수 戈 창 과

친할 **친**

높을 **고**

재주 **재**

대답할 **대**

高

총 10획 5급

부수 高 높을 고

親

총 16획 5급

부수 見 볼 견

對

총 14획 5급

부수 寸 마디 촌

才

총 3획 5급

부수 手 손 수

칼 도

이로울 리(이)

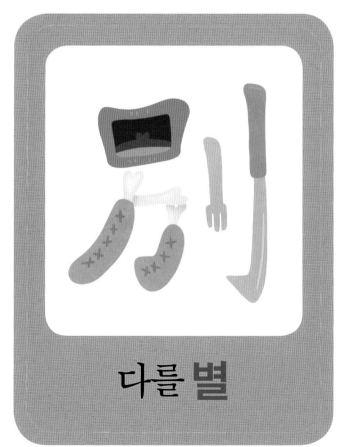

다를 별

성품 성

利

총 7획

5급

부수 刀 칼 도

刀

총 2획

5급

부수 刀 칼 도

性

총 8획

5급

부수 忄 심방변 심

別

총 7획

5급

부수 刀 칼 도

모양 **형**

살다 **활**

짧을 **단**

보일 **시**

活

총 9획　　　　　5급

부수 氵 삼수변 수

形

총 7획　　　　　5급

부수 彡 터럭 삼

示

총 5획　　　　　5급

부수 示 보일 시

短

총 12획　　　　　5급

부수 矢 화살 시

아침 조

모일 사

털 모

무거울 중

社

5급

부수 示 보일 시

朝

총 12획

5급

부수 月 달 월

重

총 9획

5급

부수 里 마을 리

毛

총 4획

5급

부수 毛 털 모

즐길 **락**, 음악 **악**
좋아할 **요**

머리부분 **두**

서울 **경**

사귈 **교**

총 2획    5급

부수 亠 머리부분 두

총 15획    5급

부수 木 나무 목

총 6획    5급

부수 亠 머리부분 두

총 8획    5급

부수 亠 머리부분 두

공공

볼견

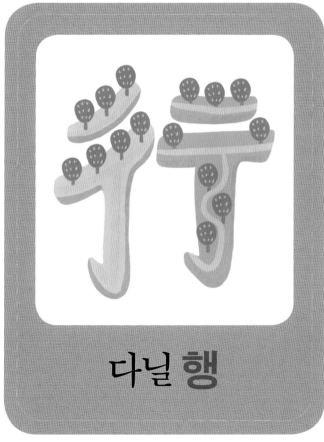

다닐행

모일회

見

총 7획　　　5급

부수 見 볼 견

功

총 5획　　　5급

부수 力 힘 력

會

총 13획　　　5급

부수 日 가로 왈

行

총 6획　　　5급

부수 行 다닐 행

지을 **작**

약할 **약**

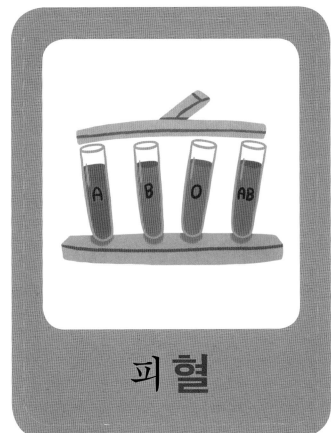

피 **혈**

놓을 **방**

弱

총 10획　　　5급

부수 弓 활궁

作

총 7획　　　5급

부수 人 사람인

放

총 8획　　　5급

부수 攵 칠복

血

총 6획　　　5급

부수 血 피혈

귀신/신비로울 **신**

새로울 **신**

걷는 사람 **인**

으뜸 **원**

新

총 13획　　　　　5급

부수 斤 도끼 근

총 10획　　　　　5급

부수 示 보일 시

元

총 4획　　　　　5급

부수 儿 걷는 사람 인

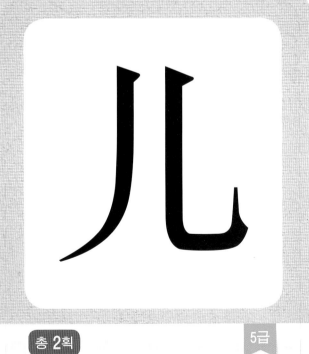

총 2획　　　　　5급

부수 儿 걷는 사람 인

빛 광

목숨 명

죽을 사

마을 촌

命

부수 口 입구

光

부수 儿 걷는 사람 인

村

부수 木 나무 목

死

부수 歹 살바른뼈 알

급할 **급**

낮 **주**

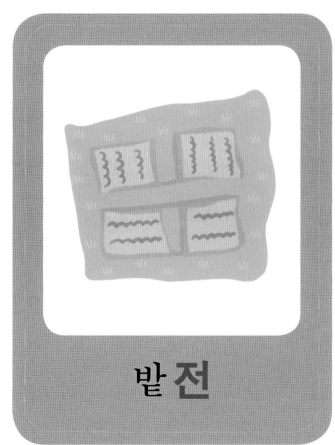

밭 **전**

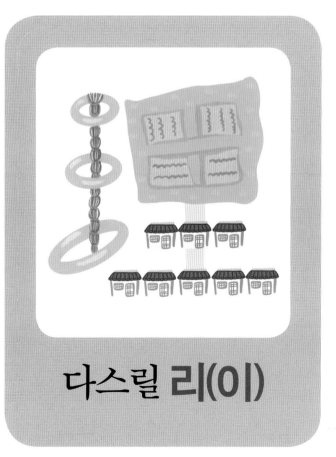

다스릴 **리(이)**

畫

총 11획    5급

부수 日 날일

急

총 9획    5급

부수 心 마음 심

理

총 11획    5급

부수 王[玉] 구슬옥

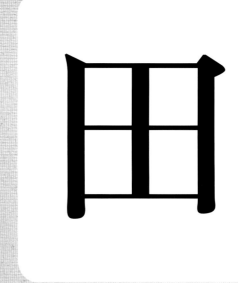

田

총 5획    5급

부수 田 밭 전

## 화할 화

## 대 죽

## 옮길 운

## 언덕 엄

竹

총 6획　　　5급

부수 竹 대죽

和

총 8획　　　5급

부수 口 입구

厂

총 2획　　　5급

부수 厂 언덕 엄

運

총 5획　　　5급

부수 辶 쉬엄쉬엄갈 착

언덕/근원 **원**

지날 **력(역)**

밝을 **명**

없을 **무**

# 歷

총 16획 5급

부수 厂 언덕 엄

# 原

총 10획 5급

부수 厂 언덕 엄

# 無

총 12획 5급

부수 火 불화

# 明

총 8획 5급

부수 日 날일

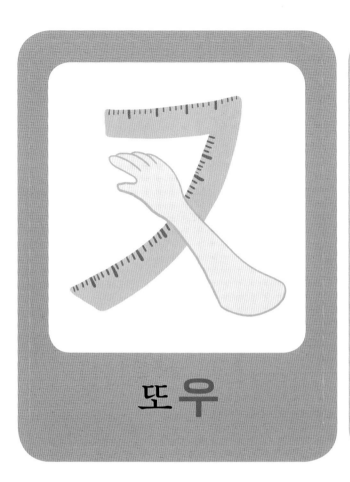

또우

줄 선

뜻 의

곧을 직

線

총 15획 　5급

부수 絲 실 사

又

총 2획 　5급

부수 又 또 우

直

총 8획 　5급

부수 目 눈 목

意

총 13획 　5급

부수 心 마음 심

은은

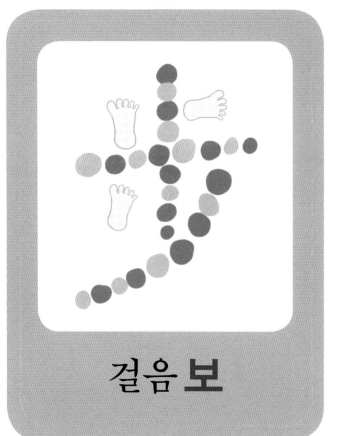

걸음보

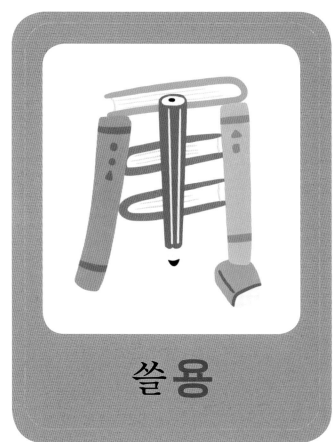

쓸용

강할 강

步

총 7획　　　　　　　5급

부수 止 그칠 지

銀

총 14획　　　　　　5급

부수 金 쇠 금

強

총 12획　　　　　　5급

부수 弓 활 궁

用

총 5획　　　　　　　5급

부수 用 쓸 용

쉬엄쉬엄 갈 **착**

가까울 **근**

멀 **원**

함께/한가지 **공**

近

부수 辶 쉬엄쉬엄 갈 착

之

부수 辶 쉬엄쉬엄 갈 착

共

부수 八 여덟 팔

遠

부수 辶 쉬엄쉬엄 갈 착

조개 **패**

쌀 **미**

고기 **육**

절반 **반**

총 6획　　　　5급

부수 米 쌀미

총 7획　　　　5급

부수 貝 조개 패

총 5획　　　　5급

부수 十 열십

총 6획　　　　5급

부수 肉 고기육

읽을 독

글 서

글 시

예도 례(예)

# 書

총 10획    5급

부수 曰 가로 왈

# 讀

총 22획    5급

부수 言 말씀 언

# 禮

총 18획    5급

부수 示 보일 시

# 詩

총 13획    5급

부수 言 말씀 언

과목 **과**

그림 **도**

구분할 **구**

열 **개**

圖

총 14획　5급

부수 口 큰입구 몸

科

총 9획　5급

부수 禾 벼 화

開

총 12획　5급

부수 門 문 문

區

총 11획　5급

부수 匚 감출혜 몸

몸 신

깃발 기

꽃부리/뛰어날 영

들을 문

旗

총 14획　　5급

부수 方 모방

身

총 7획　　5급

부수 身 몸신

聞

총 14획　　5급

부수 耳 귀이

英

총 9획　　5급

부수 艹 초두머리

밤 **야**

통할 **통**

차례 **번**

머리 **두**

通

총 11획 5급

부수 辶 쉬엄쉬엄갈 착

夜

총 8획 5급

부수 夕 저녁 석

頭

총 16획 5급

부수 頁 머리 혈

番

총 12획 5급

부수 田 밭 전

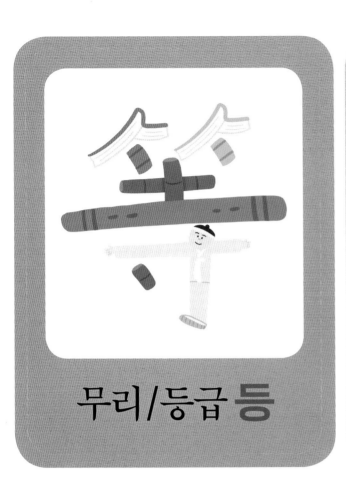

무리/등급 등

나눌 반

소리 음

누를 황

班

총 10획     5급

부수 玨[玉] 구슬 옥

等

총 12획     5급

부수 竹 대 죽

黃

총 12획     5급

부수 黃 누를 황

音

총 9획     5급

부수 音 소리 음

# 머리

학년           반

이름

총 9획

5급

부수 首 머리 수

"신비한자로 신나고
재미있게 공부해요"

# 준5급 HNK 배정한자 모아보기(80字)

★ 음을 기준으로 가나다 순서로 정리했습니다.
★ 한어병음은 중국어 발음 표기법입니다.
★ 대표훈음보다 자세한 것은 자전을 참고합니다.
★ [  ]는 중국에서 쓰는 간체자입니다.

| 各 각각 각 gè | 强 강할 강 qiáng | 去 갈 거 qù | 見[见] 볼 견 jiàn | 高 높을 고 gāo |
|---|---|---|---|---|
| 功 공 공 gōng | 共 함께/한가지 공 gòng | 科 과목 과 kē | 急 급할 급 jí | 旗 기/깃발 기 qí |
| 短 짧을 단 duǎn | 當[当] 마땅할 당 dāng | 對[对] 대답할 대 duì | 讀[读] 읽을 독 dú | 冬 겨울 동 dōng |
| 頭[头] 머리 두 tóu | 等 무리/등급 등 děng | 樂[乐] 즐길 락/노래 악/좋아할 요 lè, yuè | 禮[礼] 예도 례(예) lǐ | 理 다스릴 리(이) lǐ |
| 命 목숨 명 mìng | 明 밝을 명 míng | 毛 털 모 máo | 無[无] 없을 무 wú | 聞[闻] 들을 문 wén |
| 米 쌀 미 mǐ | 班 나눌 반 bān | 放 놓을 방 fàng | 番 차례 번 fān | 步 걸음 보 bù |
| 部 떼 부 bù | 社[社] 모일 사 shè | 死 죽을 사 sǐ | 書[书] 글 서 shū | 線[线] 줄 선 xiàn |
| 成 이룰 성 chéng | 性 성품 성 xìng | 示 보일 시 shì | 詩[诗] 글 시 shī | 信 믿을 신 xìn |
| 神[神] 귀신/신비로울 신 shén | 新 새로울 신 xīn | 身 몸 신 shēn | 夜 밤 야 yè | 弱[弱] 약할 약 ruò |

| | | | | |
|---|---|---|---|---|
| 英 꽃부리/뛰어날 영 yīng | 用 쓸 용 yòng | 友 벗 우 yǒu | 又 또 우 yòu | 運[运] 옮길 운 yùn |
| 肉 고기 육 ròu | 銀[银] 은 은 yín | 意 뜻 의 yì | 作 지을 작 zuò | 才 재능 재 cái |
| 田 밭 전 tián | 半[半] 나눌 반 bàn | 朝 아침 조 zhāo | 晝[昼] 낮 주 zhòu | 竹 대 죽 zhú |
| 重 무거울 중 zhòng | 直[直] 곧을 직 zhí | 村 마을 촌 cūn | 秋 가을 추 qiū | 春 봄 춘 chūn |
| 親[亲] 친할 친 qīn | 太 클 태 tài | 通[通] 통할 통 tōng | 貝[贝] 조개 패 bèi | 便 편할 편/똥오줌 변 biàn |
| 風[风] 바람 풍 fēng | 夏 여름 하 xià | 限 한할 한 xiàn | 行 다닐 행 xíng | 血 피 혈 xiě |
| 形 모양 형 xíng | 花 꽃 화 huā | 和 화할 화 hé | 活 살다 활 huó | 會[会] 모일 회 huì |

## 기본 획도 익혀요

★ 한자에서 필획으로 쓰이는 부수 글자를 선정했습니다.

| | | | | | |
|---|---|---|---|---|---|
| 言 말씀 언 | 話[话] 말씀 화 | 計[计] 셀 계 | 刀 칼 도 | 利 이로울 리(이) | 別[别] 다를 별 |
| 亠 머리부분 두 | 京 서울 경 | 交 사귈 교 | 儿 걷는 사람 인 | 元 으뜸 원 | 光 빛 광 |
| 厂 언덕/굴바위 엄 | 原 언덕/근원 원 | 歷[历] 지날 력(역) | 辶 쉬엄쉬엄 갈 착 | 近 가까울 근 | 遠[远] 멀 원 |
| 圖[图] 그림 도 | 區[区] 구분할 구 | 開[开] 열 개 | 音 소리 음 | 黃[黄] 누를 황 | 首 머리 수 |

# 5급 대한검정회 배정한자 신출한자(150字)

★ 표제훈음보다 자세한 것은 자전을 참고하세요.

| | | | | |
|---|---|---|---|---|
| 歌<br>노래 가 | 家<br>집 가 | 各<br>각각 각 | 間<br>사이 간 | 强<br>강할 강 |
| 開<br>열 개 | 去<br>갈 거 | 見<br>볼 견 | 京<br>서울 경 | 計<br>셀 계 |
| 高<br>높을 고 | 功<br>공 공 | 空<br>빌 공 | 共<br>함께 공 | 科<br>과목 과 |
| 光<br>빛 광 | 敎<br>가르칠 교 | 交<br>사귈 교 | 校<br>학교 교 | 區<br>나눌 구 |
| 國<br>나라 국 | 軍<br>군사 군 | 近<br>가까울 근 | 急<br>급할 급 | 旗<br>기 기 |
| 記<br>기록할 기 | 氣<br>기운 기 | 農<br>농사 농 | 多<br>많을 다 | 短<br>짧을 단 |
| 答<br>대답 답 | 當<br>마땅할 당 | 對<br>대답할 대 | 代<br>대신할 대 | 道<br>길 도 |
| 刀<br>칼 도 | 讀<br>읽을 독 | 冬<br>겨울 동 | 洞<br>고을 동 | 頭<br>머리 두 |
| 等<br>무리 등 | 登<br>오를 등 | 樂<br>즐거울 락 | 來<br>올 래 | 老<br>늙을 로 |
| 理<br>다스릴 리 | 里<br>마을 리 | 利<br>이로울 리 | 萬<br>일만 만 | 每<br>매양 매 |

| | | | | |
|---|---|---|---|---|
| 面 낯 면 | 命 목숨 명 | 明 밝을 명 | 毛 털 모 | 無 없을 무 |
| 聞 들을 문 | 問 물을 문 | 物 물건 물 | 米 쌀 미 | 民 백성 민 |
| 班 나눌 반 | 半 절반 반 | 放 놓을 방 | 番 차례 번 | 別 다를 별 |
| 步 걸음 보 | 部 거느릴 부 | 分 나눌 분 | 社 모일 사 | 事 일 사 |
| 死 죽을 사 | 色 빛 색 | 書 글 서 | 線 줄 선 | 性 성품 성 |
| 成 이룰 성 | 所 바 소 | 首 머리 수 | 詩 글 시 | 時 때 시 |
| 示 보일 시 | 市 저자 시 | 植 심을 식 | 神 귀신 신 | 身 몸 신 |
| 信 믿을 신 | 新 새로울 신 | 室 집 실 | 安 편안할 안 | 夜 밤 야 |
| 弱 약할 약 | 語 말씀 어 | 言 말씀 언 | 永 길 영 | 英 꽃부리 영 |
| 午 낮 오 | 用 쓸 용 | 友 벗 우 | 遠 멀 원 | 原 언덕/근본 원 |

| | | | | |
|---|---|---|---|---|
| 元<br>으뜸 원 | 有<br>있을 유 | 肉<br>고기 육 | 育<br>기를 육 | 銀<br>은 은 |
| 音<br>소리 음 | 邑<br>고을 읍 | 意<br>뜻 의 | 作<br>지을 작 | 長<br>긴 장 |
| 場<br>마당 장 | 才<br>재주 재 | 田<br>밭 전 | 電<br>번개 전 | 前<br>앞 전 |
| 全<br>온전할 전 | 朝<br>아침 조 | 祖<br>할아비 조 | 晝<br>낮 주 | 住<br>살 주 |
| 竹<br>대 죽 | 重<br>무거울 중 | 直<br>곧을 직 | 草<br>풀 초 | 村<br>마을 촌 |
| 秋<br>가을 추 | 春<br>봄 춘 | 親<br>친할 친 | 太<br>클 태 | 通<br>통할 통 |
| 貝<br>조개 패 | 便<br>편할 편 | 平<br>평평할 평 | 夏<br>여름 하 | 學<br>배울 학 |
| 韓<br>나라이름 한 | 漢<br>한수 한 | 合<br>합할 합 | 海<br>바다 해 | 行<br>다닐 행 |
| 血<br>피 혈 | 形<br>모양 형 | 花<br>꽃 화 | 話<br>말씀 화 | 和<br>화할/화목할 화 |
| 活<br>살 활 | 黃<br>누를 황 | 會<br>모일 회 | 孝<br>효도 효 | 後<br>뒤 후 |

1단계 20P

 冬
 秋
 部
 花
 春

 風
 限
 各
 友
 夏

2단계 36P

對　去　成　信　親

高　才　當　便　太

3단계 52P

 社
 活
 形
 朝
 樂

 示
 短
 性
 毛
 重

作　弱

血　放　見　會

行　功　新　神

竹　和　運　理　田

急　村　命　晝　死

用　又　直　意　明

線　步　强　銀　無

7단계 116p

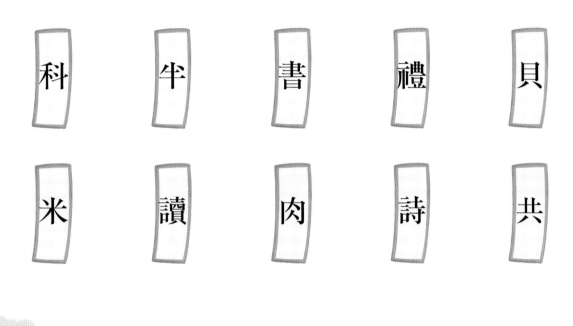

科　牛　書　禮　貝

米　讀　肉　詩　共

8단계 132p

等　頭　聞　身

班　旗　番　英

通　夜